불안 없는 조직

The Experience Mindset:
Changing the Way You Think About Growth

불안 없는 조직

The Experience Mindset

직원경험은 어떻게 조직의
효능감, 생산성, 지속성을 높이는가

•

티파니 보바
지음 — 조용빈 옮김

다산북

긍정적인 직원경험과 고객경험을 실천하려면 지혜와 끈기가 필요하다. 다행히 티파니 보바는 둘 다 가지고 있다. 이 책은 성장에 대해 진지하게 고민하는 리더를 위한 귀중한 가이드다. 게다가 탄탄한 데이터까지도 갖추고 있다!

- 에이미 에드먼슨Amy C. Edmondson
하버드경영대학원 종신교수, 『두려움 없는 조직』 저자

실용적이면서도 교훈적인 이 책은 '성장'이라는 퍼즐의 마지막 조각을 맞추어줄 아주 일상적인 도구를 제공한다. 바로 직원경험 개선이다.

- 아리아나 허핑턴Arianna Huffington
스라이브글로벌 창립자, 전《허핑턴포스트》편집장

티파니 보바가 또 해냈다! 기업 성장의 전문가인 보바는 더욱 주인의식 있고 생산적인 직원을 통해 조직이 지속적으로 성공할 수 있는 강력한 안내서를 제공한다.

- 마셜 골드스미스Marshall Goldsmith
경영 컨설턴트, 『트리거』 저자

티파니 보바의 연구는 우리 시대의 가장 긴요한 질문에 대답해 준다. 그 질문이란 노동자들은 왜 그렇게 자주 이직하는지, 왜 고객이 항상 옳지 않은지, 그리고 왜 기술이 일반 근로자들에게 반드시 개선을 가져오지 않는지 같은 것들이다. 조직을 운영하거나 조직에서 일한다면 꼭 읽어야 할 책이다. 그렇다. 거의 모든 사람 말이다.

- 리타 맥그래스 Rita McGrath
컬럼비아경영대학원 교수, 『모든 것이 달라지는 순간』 저자

오늘날의 기업 대부분이 오직 하나의 요소에만 집중하고 최적화할 수 있다는 '단순화 우선주의'란 문제를 겪고 있다. 티파니 보바는 이 혁신적인 책을 통해 가장 성공한 회사들이 고객경험과 직원경험에 '동시에 동등하게' 집중하는 방법을 보여주며 그 얕은 논리를 박살낸다. 『불안 없는 조직』은 전통적인 경영의 도그마를 버리고, 특별한 성공을 달성시켜 주는 새로운 통찰로 가득 찬 명저다.

- 로저 마틴 Roger Martin
토론토대학교 로만경영대학원 명예교수,
『로저 마틴의 14가지 경영 키워드』 저자

경험은 정말로 전부다! 티파니 보바는 수많은 연구와 말 속에서 복잡성에 대한 우리의 관습적인 믿음을 헤치고 기업과 조직에서 진정 중요한 것이 무엇인지, 그리고 기업이 어떻게 변해야 하는지에 대해 정곡을 찌른다. 그것은 바로 '직원'이다.

- 스튜어트 크레이너Stuart Crainer, 데스 디어러브Des Dearlove

싱커스 50 창립자

티파니 보바만큼 실제 경험에서 나오는 깊은 통찰력과 설득력 있는 이야기를 할 수 있는 경영 사상가는 단언컨대 없다. 중간관리자부터 경영진까지, 조직을 통솔하는 사람이라면 반드시 이 책을 읽고 공부해 그녀가 알려주는 것들을 내재화시켜야 한다.

- 로라 개스너 오팅Laura Gassner Otting

『리미트리스』 저자

이 간단한 철학은 리츠칼턴호텔의 성장을 이끈 원동력이었다. 여러분의 기업에도 물론 적용할 수 있다. 일단 경험중심적 사고방식을 장착하면 모든 결정을 자신 있게 내릴 수 있으며, 더 이상 이제까지와 같은 방식으로는 회사를 운영하지 않게 될 것이다.

- **호르스트 슐체**Horst Schulze

리츠칼턴호텔컴퍼니 창립자

이제는 '직원이 행복해야 고객도 행복하다'로 구호가 바뀌어야 한다. 티파니 보바는 직원경험과 고객경험이 본질적으로 연결되어 있다고 날카롭게 지적한다. 그녀의 설명처럼, 인간적인 마법을 풀어내면 경이로운 결과가 나타난다. 부디 모든 조직이 이 책을 가이드로 삼고 폭발적인 성장을 일궈내길 바란다.

- **위베르 졸리**Hubert Joly

베스트바이 전 회장, 『하트 오브 비즈니스』 저자

경영자가 밤새 잠 못 드는 이유는 두 가지가 있다. 첫째, 우수한 인재를 어떻게 유치하고 머무르게 할 것인가, 둘째, 어떻게 해야 성장을 정체시키지 않을 것인가 하는 고민이다. 『불안 없는 조직』은 리더들에게 이 두 가지 골칫거리를 단 하나의 단순하고 강력한 솔루션으로 해결할 수 있도록 도와준다.

- **키이스 페라지**^{Keith Ferrazzi}

페라지그린라이트 창립자, 『요즘 세대와 원 팀으로 일하는 법』 저자

수많은 책이 전략에 대해 이러쿵저러쿵 말하지만 어떻게 실행할지 명확하게 보여주지는 못한다. 이 책은 성장을 발생시키는 요인을 새롭게 바라보는 방법은 물론 조직에서 이를 어떻게 실현할지 구체적인 행동 계획까지도 제시하고 있다.

- **램 차란**^{Ram Charan}

경영 컨설턴트, 『성장 기업의 조건』 저자

고객경험을 넘어서
직원경험으로의 여정

'경험'이라는 단어를 생각해 보자. 경험은 과거의 일이다. 지난 1년간 가장 기억에 강하게 남아 있는 경험 두 가지를 떠올려보라. 아마 여러분이 기억하는 경험에는 공통점이 있을 것이다. 어떤 경험을 기억한다는 것은, 그 사건에 강한 정서적 반응이 연결되어 있다는 뜻이다. 우리는 모든 경험을 기억하지는 못한다. 의미 있는 경험, 오래도록 기억에 남는 경험은 긍정적이든 부정적이든 그 사건이 준 느낌, 우리의 정서와 결부되어 있다.

　사람이 강한 정서를 느낄 때는 대부분 그 대상이 살아 있는 생명체인 경우가 많다. 그래서 긍정적인 고객경험도 대부분 단순히 기업이 제공하는 제품이나 서비스가 아니라 고객과 직원이 상호작용 하는 순간 결정되곤 한다. 이를테면 친절한 웨이터, 안전하게 운전해 주는 택시 기사, 정직한 영업 사원, 빠른 대응을 해준 상담원 등 '사람과 관련될' 때다.

그렇다면 '직원경험'은 무엇일까? 직원경험이란 한 구성원이 회사에 입사해서 퇴사할 때까지 겪게 되는 총체적인 경험이라고 정의할 수 있다. 우리는 평균적으로 성인이 되고 나서 생애 중 절반 정도의 시간을 직장에서 보낸다. 가족이나 친구와 보내는 시간보다도 훨씬 더 긴 시간이니, 이는 물리적으로 엄청난 것이다. 그만큼 직장에서의 경험이 개인의 삶에 끼치는 영향 역시 엄청나다.

물론 직장생활이 '나'라는 사람의 삶을 좀먹는 것은 경계해야 하며, 그런 좋은 의미에서 시작된 '일과 삶의 균형을 찾자'는 사회적 운동은 노동계에 많은 변화를 가져왔다. 나 역시 주 52시간 제도를 도입해 최소한의 개인의 삶을 보장하자는 취지에는 전적으로 동감한다. 그러나 일과 삶의 이분법적인 구분은 '일'에 대한 부정적인 시각을 너무나 강조하고 있다. 아무리 '워라밸'을 지켜도 어쩔 수 없이 삶의 절반은 일을 하면서 살아가야 하는데, 일 자체를 부정적으로 바라본다면 과연 행복한 삶을 살 수 있을까? 온전한 삶을 위해서는 직장에서의 경험을 버리고 갈

수는 없다. 그러므로 삶의 절반을 직장에서 보내는 우리에게 '직원경험'이란 필연적으로 대두되었을 화두다.

기업에서 마케팅의 패러다임이 고객관계관리에서 고객경험관리로 전환되며 '직원경험'이라는 개념이 새롭게 대두되고 있다. 긍정적인 고객경험 관리를 위한 선행 요건으로 직원경험 관리가 필요하다는 인식이 공감대를 형성하면서 고객경험을 관리하듯이 직원경험을 관리하자는 움직임이 확산되고 있는 것이다. 실제로 최근 기업들에서는 직원경험이란 개념에 대해 실무차원에서의 논의가 이루어지고 있다. 그럼에도 아직 학문적으로 검증된 개념이 아니다 보니 참고할 만한 논문과 현업의 사례가 턱없이 부족한 실정이다.

그렇다 보니 직원경험이라는 개념을 확산시키기 위해 하는 기업의 실행 과제들이 과거의 직원 만족 및 몰입을 위한 활동들과 거의 차이가 없는 것은 현실적으로 기업 현장에서 가장 경계해야 할 부분이다. 자칫 최신 트렌드를 적용하기 위한 이벤트에 불과할 수 있다. 설문조사로 직원들의 불편한 경험을 몇 가지 찾아내고, 해결책을 제시하는 단편적인 방법으로는 '직원경험' 안에 내재된 방대한 함의를 실천하기에는 턱없이 부족하다.

『불안 없는 조직』은 긍정적인 직원경험이 왜 긍정적인 고객경험으로 이어지는지에 대한 해답을 '경험주의적 사고방식^{The}

Experience mindset'의 새로운 프레임을 적용하여 명쾌하게 제시하고 있다. 경험주의적 사고방식의 핵심은 긍정적인 직원경험과 긍정적인 고객경험 사이의 강력한 연결고리를 찾아서 상호 성장을 극대화할 수 있는 선순환 구조를 만들어내는 것이다.

조직에서 심리적 계약이라는 개념이 변화함에 따라 일에 대한 직원들의 기대도 변하고 있다. 직원과 고객 그리고 회사 사이에는 강력한 연결된 고리가 있다. 그것은 바로 '성장'이다. 이제 직원들은 회사를 단순히 일을 하고, 성과에 대한 급여를 받는 곳으로 생각하지 않는다. 그를 넘어 회사에서 목적과 의미를 찾을 수 있기를 기대한다.

직원들에게 동기를 부여하고 몰입하게 하려면 회사는 만족감을 제공하는 것뿐 아니라 이들의 성장에도 집중해야 한다. 직원들은 이제 빠른 속도로 '직장 내 소비자'가 되고 있는 것이다. 기업들이 지난 수십 년 동안 고객을 이해하고, 분류하고, 이들의 이야기를 청취하는 다양한 방식을 찾는 데 시간을 보냈다면, 이제는 직원을 위해 같은 노력을 해야 할 때다.

- LG화학 인재육성담당
오승민

사람이 먼저인 조직은
반드시 탁월한 성과를 낸다

내 이야기를 시작하기 전, 멜빈 자이스^{Melvin Zais}라는 한 장교가
육군대학의 중견 장교 과정 연설에서 한 말을 빌리고 싶다.

내 생각에 더 나은 리더가 되는 데 도움이 되고, 더 큰 행복
과 자부심을 주며 동시에 경력을 발전시키는 데 도움이 될
만한 조언은 단 하나뿐입니다. 이를 실천하는 데는 특정한
인간적 매력도, 대단한 인성도 필요하지 않습니다. 누구나
할 수 있습니다. 바로 '사람에게 관심을 가져야 한다'는 것
입니다.

40년 넘게 '탁월함'을 연구해 왔지만 내가 배운 교훈 중 자이스 장군의 메시지만큼 중요한 것은 없었다. 사람들에게 관심을 가져야 한다는 것 말이다. 리더라면 사람을 학습시키고, 존중과 친절로 대하며 이 험하디 험한 세상에서 살아남을 수 있도록 준비시켜야 한다. 모든 직원이 성장을 격려하고 동료를 돌보도록 해야 한다. 이것이 탁월함을 달성하는 비결이다.

티파니 보바는 이 책『불안 없는 조직』에서 이 명료한 사실을 알기 쉽게 풀어낸다. 그녀는 '어떤 조직이든 사람이 먼저여야 한다'는 사실을 아주 잘 알고 있다. 이 메시지는 내가 수십 년 동안 외쳐온 것이기도 하다. 그리고 나는 오랫동안 연구해 오며 이러한 사고방식이 거의 100%의 수익을 보장해 준다는 사실을 알게 되었다.

이 책에서 보바는 뛰어난 직원경험이 얼마나 중요한지 상기시켜 준다. 물론 당신도 직원경험이니, 직원만족이니 하는 말은 누군가로부터 들어본 적이 있을 것이다. 하지만 이 책에서 보바는 직접 행한 연구와 흥미로운 사례를 들려주고, 자신의 경험을 바탕으로 이 말을 직접 입증해 줌으로써 '직원경험'이 대체 무엇이며 왜 그것에 주목해야 하는지를 생생하게 전달한다.

보바가 말했듯, '모든 이해 관계자를 위한 탁월하고 균형 잡힌 경험을 전략적으로 추구하면 각 부분의 합보다 더 큰 것을 달성할 수 있다'. 나는 이 말에 전적으로 동의한다. 리더란 모든 구성원의 성장을 추구하고, 그들이 사는 사회의 안녕에 헌신하는 조직을 만들고 유지하기 위해 존재한다. 그것이 바로 탁월함이며, 인간 발전의 정점이다.

톰 피터스 Tom Peters
경영 전문가, 『초우량 기업의 조건』 저자

"고객이 브랜드를 사랑하게 하는 가장 빠른 방법은
직원이 자기 일을 사랑하게 하는 것이다."

초일류 기업의 성장은
어디에서 오는가

직원은 회사의 가치와 사명을 실현하고자 매일 횃불을 드는 사람이다. 그들은 고객이나 다른 직원이 기업과 상호작용을 하는 모든 중요한 순간에 매개자^{Facilitator} 역할을 한다. 이때 긍정적인 연결점을 마련할 수도 있고 부정적인 고충점과 마주할 수도 있다. 전자제품을 판매하는 미국의 대형 유통업체인 베스트바이^{Best Buy}의 전 CEO 겸 회장이자 내 친구인 위베르 졸리^{Hubert Joly}는 내 팟캐스트에 나와 이렇게 말했다.

"기업의 핵심은 고귀한 목적을 추구하고, 사람을 중심에 두고, 인간이 마법을 부릴 수 있는 환경을 조성하고, 모든 이해관계자를 포용하고, 이윤을 단지 이런 행동의 결과로 간주하는 것입니다."

자기 기업을 이렇게 수월하게 설명할 수 있는 경영자는 거의 없을 것이다. 이는 이 설명이 기업의 성공에 필수적인데도 종종 지나치는 부분, 즉 그곳에서 일하고 고객에게 서비스하는 사람들의 일상적인 경험을 특히 강조하기 때문이다. 원활한 고객경험Customer Experience의 중요성과 그것이 기업의 성장에 미치는 영향은 많이들 알지만 직원경험Employee Experience의 역할은 아직 완전히 정량화하지도 못했고 제대로 이해하는 기업도 없다. 아직도 경영자들이 고객이나 직원 중 어느 한쪽에만 집중하면 된다고 생각하기 때문이다.

그러나 기업이 성장을 가속하려면 고객경험과 직원경험을 모두 더 계획적이고 균형 잡힌 방식으로 이용해야 한다. 직원경험을 보다 강화하면 매출이 50% 이상 증가하며 이익도 비슷한 수준으로 늘어난다.[1] 고객경험과 직원경험을 모두 높게 관리한 회사는 3년간 연평균 성장률이 8.5%로, 이는 그렇지 않은 기업의 4.35%와 비교하면 거의 두 배에 가깝다.[2]

하지만 안타깝게도 최근 연구에 따르면 경영자가 앞에서는 직원의 중요성을 인정한다고 해도 실제로 그들의 90%는 직원에게 무엇보다도 고객의 요구에 먼저 집중하라고 지시한다고 한다.[3] 그 결과 상황이 어려워졌을 때 기업이 성장하려면 시간과 자원을 고객과 고객의 경험에 투입해야만 한다는 견해가 경영진들 사이에 거의 불문율처럼 퍼져 있다.

물론 모든 경영자가 직원경험의 중요성을 간과하는 것은 아니다. 사우스웨스트항공Southwest Airlines의 허브 켈러허Herb Kelleher는 이렇게 말했다. "직원을 잘 대우하면 무슨 일이 생길까요? 고객이 다시 돌아오고, 그 덕분에 주주들이 만족합니다. 직원을 잘 관리하는 것에서부터 시작하면 나머지는 알아서 따라옵니다."[4] 버진그룹Virgin Group의 창업자 리처드 브랜슨Richard Branson도 "직원을 잘 돌보면 그들이 고객을 잘 돌볼 것입니다"라는 말을 남겼다.[5] 또 제록스Xerox의 전 CEO 겸 회장인 앤 M. 멀케이Anne M. Mulcahy는 "경영진이 직원을 단순한 고용인이 아니라 전인격적으로 대우하면 그 직원은 더 생산적으로 일하고, 더 만족스러워하며, 더 성취감을 느낍니다. 직원이 만족하면 고객도 만족하고, 이는 곧바로 수익으로 이어집니다"라고 말한 바 있다.[6]

이들은 궁극적으로 같은 말을 하고 있다. '고객을 행복하게 하고 싶다면 직원에서부터 시작하라!' 이 말은 얼핏 당연해 보이지만, 이 간단한 명제는 오늘날 대부분 기업의 운영 철학과는 어긋난다.

'고객 만족'이란 산 밑에
어떤 용암이 들끓고 있는가?

현대의 지배적인 경영 철학은 아직도 지난 세기의 경영관에 뿌리를 두고 있다. 미국의 경제학자 밀턴 프리드먼Milton Friedman은 '기업의 유일한 목적은 주주를 위한 이익 창출'이라는 극단적인 견해로 20세기 후반의 주주 가치를 우선시하는 경영 문화를 형성했다.[7] 심지어 경영의 거물인 피터 드러커Peter Drucker의 말도 이런 철학을 홍보하는 데 사용되었다. 드러커는 "기업의 목적은 고객을 창출하는 것이다"라는 말과 "지식경제에서는 모든 사람이 자원병에 해당하지만 우리는 기업 경영자에게 징집병을 관리하는 방법을 가르쳤다"라는 말을 한 것으로 유명하다.[8] 그런데 첫 번째 말은 주주와 고객을 우선시하는 철학과 맞았지만 두번째 말은 그렇지 않았으므로 첫 번째 말만 널리 알려졌고, 일반적으로 이것만이 '드러커의 견해'로 인정받고 있다.

하지만 거기에는 함정이 있다. 긍정적인 고객만족도점수와 뛰어난 성장률은 표면 바로 밑에서 끓어오르는 것을 오랫동안 억눌러 왔다. 많은 조직이 고객경험에 광적으로 집중하느라 직원경험에는 고통을 주고 있었다. 기업은 고객경험만 좋고 직원경험은 나쁘더라도 여전히 성장할 수 있다. 심지어 직원경험과 고객경험이 적당히 괜찮더라도 여전히 성장할 수 있다. 하지만 기하급수적으로 성장하려면 둘 다 좋아야 한다.

많은 경영자가 직관적으로는 그 개념을 이해하지만, 그 이해를 바탕으로 전략적 결정을 내리고 조직구조를 통합하는 데는 여전히 어려움을 겪는다. 직원경험과 고객경험을 연결할 줄 모르거나 또는 연결할 의사가 없는 것이다. 두 개의 경험을 모두 개선하고 이 둘의 개선을 균형 있게 조정해서 서로 유익하게 결합하면 기업은 폭발적으로 성장할 수 있다. 이는 직원경험과 고객경험이 항상 '동일'해야 한다는 의미가 아니다. 절대로 그것이 목표가 되어서는 안 된다. 어느 한쪽에 다른 쪽보다 더 많은 관심을 쏟아야 할 때는 생기게 마련이다. 하지만 크고 작은 모든 결정을 내릴 때 고객과 직원의 요구와 선호를 함께 고려해야 한다. 따라서 완전히 새로운 경영관이 필요하다. 바로 경험중심적 사고방식The Experience Mindset이다.

궁극적으로 경험중심적 사고방식은 강력한 직원경험과 고객경험 사이의 지렛점leverage point(작은 변화로 큰 문제를 해결하거나 상황을 반전하는 힘-옮긴이)을 최대한 극대화해서 훨씬 더 높은 성장률로 이어지는, 추진력의 선순환을 만들어내는 사고방식이다. 이는 회사가 의사결정을 할 때 직원경험과 고객경험을 모두 고려하는 새로운 운영 모델로 계획적이며 포괄적인 접근법이다.

전략적으로 모든 이해관계자를 고려한 탁월하고 균형 잡힌 경험을 추구함으로써 조직은 부분의 합보다 더 큰 것을 달성하고 성장을 몇 배나 증대할 수 있다.

당신의 조직은
충분히 '탄력적'인가?

2018년 밴쿠버에서 수천 명의 청중 앞에서 강연하다가 나는 비로소 깨달았다.

"세일즈포스 Salesforce는 전 세계에서 무척 일하기 좋은 곳으로 손꼽힙니다. 아주 혁신적인 기업이며 가장 빠르게 성장하는 소프트웨어 회사입니다." 잠시 멈추어 청중에게 그 말을 생각할 시간을 주고 나서 이렇게 덧붙였다.

"저는 이 세 가지 타이틀을 얻은 것이 우연이라고는 생각하지 않습니다."(내가 세일즈포스의 직원이었기에 이 말이 자화자찬으로 들릴 수도 있겠지만 이는 《패스트컴퍼니》, 《포춘》, 《포브스》 같은 경제전문지와 직장 평가 사이트인 '글라스도어' 그리고 컨설팅업체인 IDC 등 여러 외부 기관에서도 입증된 것이다.)

그리고 그 마지막 말을 입 밖으로 꺼내자마자 그 말이 사실이라는 것을 깨달았다. 직원, 고객, 성장 사이에는 연결점, 즉 인과 관계가 있으며 각 요소가 다른 요소를 지탱한다는 것도 깨달았다. 그 무대에 서서 다음과 같은 생각을 떠올렸다. 고객을 만족시키는 것은 단순히 '고객을 먼저 생각하는 것' 이상을 요구한다. 따라서 조직의 전망을 실현하려면 건강하고, 주인의식을 가졌으며 생산적인 직원이 있어야 한다.

이 뚜렷한 깨달음으로부터 2년에 걸친 변혁적인 여정을 시작했다. 물론 켈러허, 브랜슨, 멀케이 같은 경영자가 이미 고객경험을 위해서는 직원경험이 매우 중요하다고 주장하기는 했지만 그 주장을 뒷받침하는 근거나 연구 결과는 어디에도 없었다. 게다가 이 주장이 그렇게 확실하다면 왜 모든 사람이 고객경험을 개선하고자 더 강력한 직원경험을 구축하지 않는 것일까? 세일 즈포스를 대표해 바로 그 질문의 답을 찾으려고 나는 두 가지 주요 연구 프로젝트를 주도했다.

이 연구를 진행하면서 나는 이 주제를 다룬 기존 서적을 뒤지고 전 세계의 경영자들과 수백 번에 걸쳐 깊은 대화를 나누었다. 그 과정에서 현재 기업에서 직원경험과 고객경험이 차지하는 위치, 이 둘의 연결점 그리고 이들의 공생적 관계가 선순환을 형성해 놀라운 결과를 창출해 내는 방식을 보다 더 잘 이해하게 되었다.

이 작업은 대부분 전 세계적인 코로나바이러스감염증 대유행과 그 탓으로 촉발된 대퇴사Great Resignation의 절정기에 수행되었다. 이런 상황 때문에 직원과 그들의 생산성 및 주인의식을 더욱 집중적으로 연구했고, 이는 연구 결과와 결론을 도출하는 데 많은 도움이 되었다. 코로나 사태가 우리 삶에 비극적인 영향을 끼치긴 했지만 한편으로는 여러 핵심 영역에서 직원들의 충족되지 못한 요구에 대해 풍부하면서도 중요한 논의의 장을 여는 계기가 되었다.

경영자의 최대 관심사는 더는 엄청난 대가를 치르고서라도 이룩한 '성장'이 아니라 '탄력성resiliency'이다. 성장은 끊임없이 지장이 생기고 빠르게 변화하는 비즈니스 환경에서도 계속될 수 있을 만큼 강력하고 유연해야 한다. 오늘날의 경영환경에서 기업은 직원이나 고객을 희생시키며 힘들게 얻은 성장은 쉽게 깨지고 너무나도 덧없다는 것을 뼈저리게 깨달았다. 기업이 직원을 경시하고 무시하면서 얻어낸 수익 창출 동력은 결국 무너지고야 만다. 직원들의 노력과 주인의식, 회사의 목표 달성을 위한 헌신이 없으면 성장은 더욱 요원해질 뿐이다.

명확히 해둘 것이 있는데, 경험중심적 사고방식을 채택하는 일이 새로운 자리를 만들거나 부서를 설립하는 것으로 간단히 진행되지는 않는다는 점이다. 유감스럽게도 그렇게 깊이 뿌리

박힌 전반적인 문제를 빠르고 쉽게 해결할 방책은 없다. 성장이 한 가지만으로 이루어질 수는 없듯이, 경험중심적 사고방식도 마찬가지다. 경험중심적 사고방식으로 전환하려면 직원 및 고객과 관련해 어떤 노력을 기울이더라도 긴밀하고 교차 기능적으로 운영하고 의사소통하는, 새로운 전사적인 경영 철학을 받아들여야 한다. 특히 이는 경험중심적 사고방식이 직원, 프로세스, 기술 그리고 문화와 관련하므로 더욱 그렇다. 회사가 이런 노력을 지원하려면 최고경영자의 강력한 지도력과 직원들의 전적인 동의가 필요하다.

최고경영자는 자기를 둘러싼 벽을 허물고 새로운 협력 방식으로 직원과 함께 일하는 법을 배워야 한다. 중간관리자는 지침을 내리고 솔직한 피드백을 받으려면 직원들에게 자기 마음을 열어야 한다. 그리고 조직의 모든 사람이 혼자일 때보다 직원, 팀, 고객이 함께할 때 더 많은 것을 성취할 수 있다는 점을 깨달아야 한다. 기업은 직원경험과 고객경험 사이에서 저절로 발생하는 긴장을 제거하고, 처음부터 이들을 새로운 운영 철학과 기업 전략의 일부로 여기며 접근해야 한다. 고객이 브랜드를 사랑하게 하는 가장 빠른 방법은 직원이 자기 일을 사랑하게 하는 것이다.

'~을 대상으로'에서
'~를 위한'으로의 혁신

변화는 결코 쉽지 않다. 조직에서 변화를 주도하든 사회에서 가장 복잡한 문제를 해결하고자 노력하든 사고방식과 행동을 바꾸지 않고는 한계가 있다. 이 책의 어느 쪽을 보더라도 느끼겠지만 경험중심적 사고방식은 사업에 접근하는 데 완전히 새로운 사고방식을 지원한다. 즉, 특정한 누군가가 아니라 모든 이해관계자를 위해서 일한다는 사고방식이다. 현대의 기업은 고객이나 직원 어느 한쪽을 대상으로 무슨 일을 할 게 아니라 고객과 직원 양쪽 다를 위해서 일해야 한다. B2C(고객 대상 사업, business-to-customer), B2B(기업 대상 사업, business-to-business) 또는 심지어 B2E(직원 대상 사업, business-to-employee)도 이제 B4C, B4B, B4E가 되어야 한다. 즉, 고객을 위한 사업business-for-customer, 기업을 위한 사업business-for-business, 직원을 위한 사업business-for-employee이 되어야 한다는 뜻이다.

이것은 별것 아니게 보일 수도 있지만 궁극적으로는 사고방식을 바꾸는 일이다. 고객 그리고 직원과 맺는 관계를 어떻게 구성할지 새로 정립하는 것이다. 판매에만 집중하는 게 아니라 제품이나 서비스를 이용해 고객이 어떤 방식으로든 더 성공할 수 있도록 도와주어야 한다. 직원에게도 마찬가지다. 직원의 생산성을 최대한 쥐어짜 내려고 노력하는 대신 그들의 일과 삶을 더 편하게 하려면 무엇을 해야 할지 찾아야 한다. 사업을 운영하는 사고방식을 바꾸어 직장을 집단의 성공을 위해 일하는 곳이 되게끔 해야 한다.

관리자, 스타트업 창업자 또는 최고경영자에게도 경험중심적 사고방식은 최고 수준의 인재를 모집하고 보유하는 데 도움이 될 것이다. 또한 직원들이 기업의 사명에 완전히 동의하고, 그 어느 때보다 더 많은 고객을 유치하고, 가장 심한 불경기에도 성장을 촉진하게끔 도와줄 것이다. 직원이 만족해야 고객도 만족한다는 켈러허, 브랜슨, 멀케이의 주장이 옳았다는 것을 받아들이면 이 책의 모든 결론은 저절로 자명해진다.

이 책을 다 읽고 나서는 이제 직원중심조직과 고객중심조직 중 어느 쪽을 선택해야 할지 고민하지 않게 될 것이다. 경험중심적 사고방식으로 무장한다면 고객경험과 직원경험의 상호 보완적인 이점을 함께 누리면서 탄력적인 성장을 이루어낼 수 있다.

차 례

1장
지금 당신의 고객은 만족스러운 경험을 하고 있는가?

서비스 포화 시장에서 조직을 구출하라

직원경험은 직원을 위한 것이 아니다

2장

고객도, 직원도 만족하는 조직은 무엇이 다른가?

조직의 바퀴는 고객과 직원이 연결될 때 굴러간다

직원경험은 인사 부서의 문제가 아니다

3장

최고의 조직은 직원에게 어떤 경험을 제공하는가?

[1단계 - 사람] 조직은 목적이 같은 '사람'의 모임이다

[2단계 - 사람] 직원이 아닌 프로세스를 뜯어고쳐라

[3단계 – 기술] 그 기술은 정말 생산성을 높이고 있는가?

[4단계 – 문화] 문화는 경영의 본질이다

1장

지금 당신의 고객은
만족스러운 경험을
하고 있는가?

서비스 포화 시장에서
조직을 구출하라

●

직원이 행복하면 더 나은 고객경험을 제공하고,
이는 다시 충성 고객을 만들어낸다.
이것이 지상 목적이 되어야 한다.
- 수미트 싱Sumit Singh(츄이Chewy CEO)[1]

2004년 온라인 신발 소매업체인 자포스Zappos의 가장 큰 문제는
고객서비스였다. 구체적으로 말하면 일 잘하는 콜센터 직원을
찾는 데 어려움을 겪었다. 자포스가 전자상거래업체란 점을 고
려할 때 이는 조금 의아하게 여겨질 수 있다. 하지만 자포스는
모든 신규 고객이 평균 한 번 이상은 전화를 걸었다는 중요한
사실을 이미 인지하고 있었다. 전화를 잘 받으면 고객과 감정적
유대감을 형성해서 그 고객에게 오래 지속되는 기억을 심어줄
수 있지만 잘못 받으면 그 고객을 영원히 잃을 수도 있다.
　그래서 당시 자포스의 CEO였던 토니 셰이Tony Hsieh는 처음부

터 '서비스'를 회사의 주력 상품으로 밀기로 결정했다. 신발은 어디서나 살 수 있으니, 고객을 자포스에 붙잡아 두려면 한 걸음 더 나아가 '고객을 놀라게 해야 한다'고 믿은 것이다. 그래서 셰이가 선택한 전략은 '연중무휴 24시간 고객 전화 상담'이었다. 보통 다른 회사라면 그 돈을 광고에 투자해 인지도를 높이고 수요를 창출하려고 했을 것이다. 그러나 셰이는 돈을 써서 광고하는 대신 고객을 아주 행복해지게 함으로써 그들이 자포스가 좋다고 널리 입소문을 퍼뜨려 회사 대신 홍보하게 되기를 바랐다.

2004년에는 이런 사고가 일반적이지 않았다. 대부분 회사는 콜센터를 성장의 동력이 아니라 비용을 쓰는 곳으로만 생각했다. 그러나 셰이가 CEO로 있는 동안, 자포스는 고객과 어떤 상호작용을 하든 비용 절감이 아닌 브랜드 이미지 강화에 주안점을 두었다.[2] 이렇게 되면 콜센터의 운영 방식과 인력배분도 매우 달라진다.

일례로 자포스의 고객 상담원이 장시간 전화 응대를 한다는 것은 잘 알려져 있다. 대부분 콜센터의 평균 통화 지속 시간은 4분인데,[3] 지금까지 자포스의 고객서비스 전화 상담 중 가장 긴 통화는 2016년에 걸려온 것으로 10시간 43분이나 이어졌다.[4] 물론 모든 콜센터의 직원이 10시간 이상 고객과 통화하는 데 매달려야 한다는 말은 아니지만, 여기서 중요한 것은 사고방식이다.

직원이 회사가 설정한 통화 시간 기준을 초과할까 봐 걱정하지 않아도 되며 한 고객과 오래 통화해도 문제없다는 것을 알기에 그렇게 장시간 통화할 수 있는 것이다.

신발 회사 자포스가
고객에게 밀가루를 찾아주는 이유

이런 사례는 자포스 기업문화의 핵심이 되었다. 자포스는 직원들이 고객을 위해 한발 더 나아가도록 권한을 부여해서 지속적으로 고객경험의 기준을 높였다. 코로나바이러스감염증이 유행하면서 통화량이 감소했지만 회사는 직원들에게 휴직을 권고하지 않기로 했다. 그 대신 미래의 여행 계획, 텔레비전 프로그램 등 무엇이든 이야기하고 싶어 하는 사람들을 위한 특별 고객서비스 번호를 개설했다.[5] 고객 상담원은 전화를 건 사람이 신발 이외의 품목을 찾는 데 도움을 주기도 했다. 자포스의 홈페이지에는 이런 문구가 있다.

"집에서 빵을 만들려고 밀가루를 찾고 계십니까? 우리가 전화해서 필요한 것을 살 수 있는 식료품점을 찾아드리겠습니다."

상담원들은 긴급사태에도 기꺼이 도움을 주었다. 마운트시나 이병원의 재활센터장인 데이비드 푸트리노는 코로나바이러스 감염증의 대유행으로 맥박산소포화도측정기를 구하기 어려워지자 자포스에 연락했다. 다행히 자포스는 이 중요한 기계가 쌓여 있던 곳을 찾아내서 며칠 사이에 병원에 500대를 배송하고 추가로 50대를 기부했다.[6]

| 도표 1.1 **고객경험에 따른 미국의 산업별 소비자 추가 구매 의사 비율[7]** |
고객경험이 추가 구매를 좌우한다.

산업	매우 좋음	좋음	보통	나쁨	매우 나쁨
은행	93%	79%	67%	46%	19%
컴퓨터 제조	93%	88%	75%	54%	23%
전자제품	92%	83%	71%	51%	22%
패스트푸드	96%	87%	72%	52%	22%
식료품	96%	90%	79%	61%	25%
소매	95%	90%	78%	58%	25%
소프트웨어	94%	84%	73%	49%	20%
스트리밍서비스	92%	81%	70%	45%	21%
TV 인터넷 서비스	90%	79%	64%	39%	14%
평균	94%	84%	72%	50%	20%

사람들은 운동화 한 켤레에 지불한 금액보다는 친절하게 도와준 고객 상담원을 더 잘 기억하게 마련이다. 우수한 고객경험을 한 소비자는 분야에 상관없이 더 많은 제품을 구매할 가능성이 매우 높다. 도표 1.1에서 확인할 수 있듯이 고객경험이 '매우 좋음'과 '좋음'에 해당하면 그렇지 않은 때보다 추가 구매 의사가 훨씬 높다.

　결국 훌륭한 고객경험이란 기업이 제공하는 제품이 아니라 고객이 제품과 서비스, 직원, 브랜드와 상호작용을 하면서 무엇을 느끼는지, 고객이 가장 중요하게 여기는 결과를 달성할 수 있도록 기업이 얼마나 잘 지원하는지에 따라 결정된다.

　직원과 고객이 상호작용을 하는 순간이야말로 고객의 결정을 좌우하므로 더할 나위 없이 중요하다. 지난 10년간의 자료가 고객경험을 개선하려는 노력이 기업의 성장에 매우 효과적이라는 것을 증명한다. 예를 들어 대중 브랜드의 자동차 회사가 고객경험을 1% 개선하면 10억 달러(약 1조 3000억 원) 이상의 추가 매출을 올린다고 한다.[8] 또한 도표 1.2에서 보듯 2008년 금융위기 이후 고객경험에 투자한 회사는 그렇게 하지 않은 회사보다 주주 수익이 세 배나 더 높았다.[9]

| 도표 1.2 **고객경험 호불호에 따른 재무성과(주주의 총 수익)**[10] |

고객경험에 따라 3배의 차이가 난다. 이처럼 고객경험을 강화한 기업은
불경기가 닥쳐도 회복탄력성이 뛰어나 금세 회복한다.

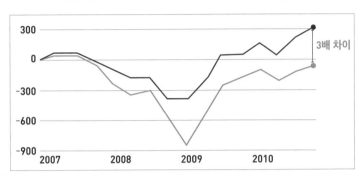

기업의 지속가능성을 가르는
고객경험의 일곱 가지 기준

그렇다면 탁월한 고객경험이란 무엇일까? 이를 달성하고자 기
업이 활용하는 특성을 구체적으로 알아보자.

- **효율성**: 이는 고객이 제품이나 서비스를 구매하거나 지원받
  는 데 소요하는 시간과 노력을 최소화한다. 예컨대 요즘은
  고객이 프런트에 가서 직원에게 이야기하지 않아도 체크인
  할 수 있는 호텔이 많다. 앱을 사용해 체크인하고 디지털 열

쇠를 받을 수 있을 뿐만 아니라 심지어 룸서비스를 주문하거나 객실 청소를 요청할 수도 있다. 제대로만 운영한다면 이런 '저접촉low-touch' 접근 방식은 고객과 직원이 거의 맞닥뜨리지 않고도 고객에게 훌륭한 경험을 제공하는 데 매우 효과적이다.

- **개인맞춤화:** 고객의 이름, 구매 이력, 불만 제기 이력 등을 직원이 다 꿰고 있어야 한다. 고객은 자신의 불만이 중요하게 다루어지기를 바라며 매번 처음부터 소통을 다시 시작하는 느낌을 받고 싶어 하지 않는다.

- **예측성:** 고객에게 다음에는 무엇이 필요할지를 예상한다. 예컨대 이전 구매 품목 자료를 참조하고 구매 양상이 유사한 다른 고객과 비교함으로써 그 고객이 관심을 가질 만한 제품이나 서비스를 예상할 수 있다. 제대로만 수행한다면 고객에게 내재한 구매 신호를 발견해서 판매원의 노력을 더욱 효과적으로 집중하거나, 자동화 기술을 이용해 판매 프로세스를 간소화할 수 있다.

- **선제적:** 고객에게서 연락이 올 만한 사유를 예상해 미리 연락한다. 예컨대 고객의 보증 기간이나 신용카드 유효기간이 90일 후에 만료되어 서비스가 중단될 수 있다는 알림 이메일을 보내는 것이다. 반복 매출형recurring revenue 사업에서 이

런 식의 사전 예방적·가치 기반적 접근 방식은 불필요한 이탈을 최소화하는 데 필수적이다.

- **유연성:** 고객이 온라인과 오프라인에서 모두 선호하는 채널을 통해 구매와 의사소통 또는 참여할 수 있도록 한다. 전화, 이메일, 온라인 FAQ, 챗봇, SNS 등 여러 경로를 통해 고객서비스 및 고객지원을 제공하는 다양한 옵션을 마련해 놓는 것이다. 이렇게 하면 잠재고객은 선호하는 방식을 선택해 구매할 수 있다.

- **신속성:** 고객의 문제를 적시에 해결한다. 고객과 첫 접촉에서 당장 모든 문제를 해결해 내기는 어렵지만 고객 응대에서는 더 많은 시간과 관심이 필요한 문제를 끝까지 점검하고 챙기는 것이 중요하다. 서비스 기대치가 높아짐에 따라 응답 속도가 중요해졌다. 고객을 너무 오래 기다리게 하면 고객경험에 부정적인 영향을 미치지만, 고객에게 신속하게 연락해 문제를 해결한다면 고객경험에 긍정적인 영향을 미칠 수 있다.

- **가치 기반:** 고객의 필요에 집중해 고객이 기업의 제품이나 서비스에서 얻을 수 있는 잠재적 가치를 기반으로 결정을 내릴 수 있도록 한다. 예컨대 가치 기반 의료 모형에서는 의료서비스 제공자(병원 및 의사 포함)가 진료할 수 있는 환자 수

가 아니라 진료받은 환자의 건강 상태, 즉 제공한 서비스의 품질에 따라 보상을 받는다. 가치 기반 모형은 특히 B4B 및 B4C 접근 방식에 필수적이다. 기업은 고객에게 무엇을 제공해 그들의 삶이나 비즈니스에 가치를 더할 수 있는지 스스로 물어보아야 한다. 기업이 진정으로 고객의 필요에 관심을 두고 맞춤형 해법을 제공할 때 어떤 결과가 나올지를 고객에게 알리는 것이다.

이 일곱 가지 특성은 모두 고객이 기울이는 노력을 줄여 브랜드와 관련한 고객경험을 개선하고 충성도를 높이는 것으로 귀결된다. 기업이 판매하는 제품이 아니라 기업이 제공하는 경험으로 경쟁 우위를 평가함에 따라 고객중심경영이 무엇보다 중요해졌다.

그러나 이런 식으로는 오랜 기간 경쟁력을 유지할 수 없다. 직원이 고객과의 상호작용에 소모하는 노력이 줄고, 직원과 고객 간에 마찰 없이 원활한 상호작용이 이루어질 때 비로소 조직의 장기적인 성공을 도모할 수 있다.

고객만족서비스의
딜레마

제1차 및 제2차 산업혁명 기간에는 기업이 제품 중심으로 운영되면서 생산성과 인당 생산량에 중점을 두었는데, 직원이 감당해야 했던 반복되고 지루한 작업을 기계와 자동화가 대신함으로써 제품을 생산하는 데 직원이 들이던 노력이 줄어들었다. 기업이 훨씬 더 좋은 품질의 제품과 서비스를 더욱 일관적으로 조달하기가 수월해지면서 고객에게도 새로운 이점이 생겼다. 나아가 제3차 산업혁명에서 새로운 기술이 자리 잡기 시작하면서 작업을 수행하고 완료하는 데 필요한 노력이 감소하기 시작해 고객과 직원이 모두 더 나은 결과와 경험을 얻게 되었다.

그러나 제3차 산업혁명이 제4차 산업혁명으로 바뀌고 디지털 기술에 더 많이 투자하게 되면서 고객이 브랜드와 상호 작용하는 데 필요한 노력은 줄어들었다. 그 결과 고객만족도는 높아졌지만 직원만족도는 그렇지 않았다. 직원이 업무를 수행하는 데 요구되는 노력은 오히려 더 증가했다. 그 결과 직원만족도가 감소해 고객경험과 직원경험은 서로 반대 방향으로 움직이게 되었다.

예를 들어 현대 경제 상황에서 운영되는 가상의 은행을 생각해 보자. 이 은행 역시 다른 여러 은행과 마찬가지로 더 많은 디지털금융 기능을 기대하는 개인과 소상공업자가 주 고객이다. 고객의 충성도와 만족도를 높이려는 목적으로 은행은 포커스그룹인터뷰^{FGI}와 설문조사를 통해 고객의 관심을 끌 만한 제품과 서비스가 무엇인지 파악했다.

그 결과 현재 제공하는 서비스에 더해 화상뱅킹서비스를 추가로 도입하는 것이 좋겠다는 결론을 내렸다. 이는 고객이 지점을 직접 방문하지 않더라도 언제든지 은행원과 화상을 통해 '대면'으로 대화하며 은행 업무를 처리할 수 있는 서비스다. 고객이 들이는 노력은 줄이고 서비스 수준은 높여서 시장에서 강력한 차별화 요소를 확립하는 것이 목표였다. 완벽한 계획처럼 보였고, 고객의 반응도 압도적이었다. 고객만족도점수는 가파르게 올라갔고, 전반적인 고객경험도 개선되었다.

그러나 문제는 다른 곳에서 발생했다. 새로 만들어진 화상뱅킹팀의 직원만족도가 급격히 떨어진 것이다. 화상뱅킹 상담은 전통적인 콜센터의 전화 상담보다 직원에게 요구하는 업무량이 훨씬 더 많았다. 직원이 다루어야 할 추가 기술과 따라야 할 프로세스가 늘어나 업무 부담은 가중되었다. 게다가 직원들은 깊고 폭넓은 수준의 질문을 받는다면 어떻게 대응해야 하는지 교육받지 못했는데, 실제 화상 상담에서 제기되는 대부분 문의 사항은 자신들이 직접 해결하지 못하는 수준의 것이었다.

고객에게는 알려지지 않았지만 화상뱅킹팀의 실상은 엉망이었다. 고위 경영진도 직원의 3분의 1이 그만둘 때까지 이를 눈치채지 못했다. 은행은 새로운 서비스를 출시해서 많은 호응을 얻었지만 결국 6주 만에 그 서비스를 중단하지 않을 수 없었다.

비록 이 서비스가 고객에게는 좋은 반응을 얻는다고 해도 은행은 직원에게 어떤 영향을 미칠지까지 고려해야 했다. 직원들은 업무량이 증가했고, 다양한 질문에 대답할 능력은 없었다. 은행은 오로지 고객경험과 고객 기반 지표를 개선하는 데만 집중했고, 그 여파로 직원들이 더 많이 노력해서 그 대가를 치러야 했다.

기업이 기술을 활용해 고객이 들이는 노력을 줄이고 고객경험을 개선하면 고객충성도와 수익은 증가한다. 그렇게 되면 고객경험이 최고 경영진의 최우선 순위가 된다. 하지만 직원경험은 그와 같은 수준으로 향상되지 못할 뿐 아니라 직원들이 고객경험 개선이라는 무거운 짐도 떠안게 된다.

하지만 시간이 지남에 따라 기업이 고객경험을 개선하고자 지속적으로 들이는 노력이 오히려 수익을 감소시키는 결과를 가져올 수도 있다는 점에 주목해야 한다. 고객경험관리라는 '새로운' 관행이 널리 채택되면서 고객은 쉽사리 감동하지 않게 되기 때문이다. 고객경험 기대치는 상승하는데 기업이 이에 부응하지 못하면 고객은 결국 다른 기업을 선택할 가능성이 높다. 따라서 진정으로 기업으로서 꾸준히 번성하려면 미래에 고객이 원하고 고객에게 필요한 것을 예측해서 미리 대응해야 한다.

점진적으로 고객경험이 개선되자 산업과 지역에 상관없이 기준이 세워지고 기대치가 설정되었다. 예를 들어 유통업체는 디지털온보딩digital onboarding(휴대전화 등의 이동통신 기기를 활용한 신규 고객 확보 방식-옮긴이) 절차를 이용해 새로운 고객의 기대를 충족하는 방법을 알고 있다. 그들은 전자상거래에서 통용되는 여러 규칙을 수립했는데, 가령 고객이 원하는 상품을 찾아 구매하기까지 세 번 이상 클릭하지 않도록 해야 한다는 경험법칙 같은 것들이다. 점점 더 많은 기업이 고객에게 기억에 남을 만한 경험을 제공해서 얻는 장점을 인식하게 되자 고객경험관리는 누구나 수행하는 업계의 표준이 되었다.

따라서 간단하고 빠르고 명확하며 직관적인 경험이 사실상 필수가 되었다. 동시에 그런 경험을 제공하는 일은 경쟁업체가 따라 하기에 그다지 어렵지 않아서, 그것만으로 기업을 차별화할 수 없었고 고객의 관심을 얻거나 유지하는 데도 별 도움이 되지 않았다. 고객경험 개선에 투자하는 일은 수십 년 동안 모든 기업의 최우선 순위여서 이제 어느 기업이든 '거기서 거기'sea of sameness'인 상황이 되고 말았다. 위에서 설명한 고객경험의 일곱 가지 특성은 고객이 기대하는 기본 사항table stakes이 되고 있다. 고객은 기업에 항상 더 많은 것을 기대하고 원할 것이다. 그러나 이렇게 고객경험이 향상되자 딜레마가 생기고 말았다.

'놀라운' 서비스가
'그저 그런' 서비스로

지난주에 휴대폰의 앱을 사용해 아마존에서 물건을 주문했다. 전체 과정은 1분도 채 걸리지 않았다. 비슷한 제품들을 잠깐 훑어보고 나서 내가 원하던 물건을 찾아 '지금 구매하기' 버튼을 눌렀다. 그런데 그때 '연관 상품 추천' 화면이 떴고 그중 하나가 내게 필요한 것이었다. 그것은 바로 내가 산 제품에 들어가는 건전지였다. 그날 오후에 내가 산 물건의 배송이 시작되었고, 다음 날 저녁 10시 이전에 우리 집 문 앞에 도착할 것이라고 안내해주는 이메일이 왔다. 그사이 신용카드로 상품 금액이 자동으로 청구되었다.

우리 조상에게 아마존 구매 방식은 기적처럼 보일 것이다. 무한한 듯한 재고, 대부분 원활한 구매 및 반품 절차, 현관 앞까지 거의 즉각적인 배달. 그러나 만족할 줄 모르는 현대인이 보기에는 그 '듯한', '대부분', '거의'라는 표현에 문제가 있다.

만약 밤 10시에 도착하기로 약속된 물건이 다음 날 아침 9시에 도착한다면, 이는 지난 세기의 기준으로 볼 때는 놀랍도록 빠른 속도이지만, 오늘날 우리는 아마존이 기대에 미치지 못했다는 사실에 실망할 것이다. 배송을 기다리는 데 드는 추가적인 '노력'은 우리가 아마존에 느끼는 감정과 심지어 제품을 만든 기업에 느끼는 감정에도 영향을 미친다. 배송이 한 번 지연되었다고 그 브랜드의 상품 구매를 완전히 그만두지는 않겠지만 만일 내 기대를 충족하거나 기대 이상으로 만족시키는 다른 기업이 나타난다면 두 번 생각하지 않고 바로 갈아탈 것이다.

이것이 모든 현대의 기업이 직면하고 있는 고객경험의 딜레마다. B2C 소매업체인 아마존, 월마트, 타깃, 영국의 테스코, 호주의 메카, 브라질의 리아추엘로, 싱가포르의 유니클로는 지난 10년간 매우 효과적으로 고객경험을 높여왔다. 그 결과 고객들은 거의 노력을 들이지 않는 경험을 기대할 뿐만 아니라 엄청나게 빠른 속도로 고객경험이 개선되기를 바란다. 기업은 '거의almost' 노력을 들이지 않음을 '전혀completely' 노력을 들이지 않음에 가깝게 밀어붙이고자 최선을 다한다. 어떤 소매업체라도 이러한 추세를 따라가지 못하면 고객은 그 기업에 지갑을 열지 않는다.

문제는 그 끊임없는 요구에 부응하고자 기업들이 고객경험을 지나치게 중시하게 되었다는 것이다. 다시 아마존을 예로 들어보자. 2017년 주주에게 보내는 연례 서한에서 당시 아마존 CEO 겸 회장이던 제프 베이조스Jeff Bezos는 끊임없이 증가하는 고객의 기대에 대해 다음과 같이 강조했다. "내가 우리 고객을 사랑하는 이유는 그들이 만족할 줄 모르기 때문입니다. (⋯) 사람들은 끊임없이 더 나은 방법을 요구하므로 어제의 '놀라운wow'은 오늘의 '그저 그런ordinary'으로 빠르게 변합니다."[11]

아마존이 2005년에 프라임 서비스를 출시했을 때 고객들은 최소 구매 조건 없이 이틀 안에 배송해 주는 이 서비스에 찬사를 보냈다. 2019년에 이 서비스는 1000만 개 이상의 제품에 대해 최소 구매 조건 없이 24시간 내 무료 배송을 제공했다. 2020년에는 또다시 서비스를 개선했다. 1000만 개 이상의 제품에 24시간 내 무료 배송을 유지하고 300만 개 이상의 제품을 35달러(약 4만 5000원) 이상 구매할 때는 당일 배송을 시행했다. 그리고 2022년 아마존은 고객경험을 한층 더 끌어올린다. 아마존은 이제 원래 포장된 형태가 훼손되어도 여러 곳에서 반품하고 환불을 받을 수 있도록 하고 있다.[12] 심지어 일부 반품 상품은 그냥 고객이 보관하게끔 한다.[13] 부피가 크거나, 맞춤 제작하거나, 가치가 낮은 품목을 배송하고 처리하는 데 수반되는 번거로움과 비용을 피하려는 것이다. 이처럼 광적으로 고객경험에 집중한 서비스는 심지어 '지구상에서 가장 고객 중심적인 회사'가 되겠다는 사명을 띤 회사에조차 예기하지 못한 결과를 가져왔다.[14]

기업은 배송과 반품 그리고 재입고를 관리하는 데 항상 엄청나게 큰 비용을 투입했는데, 소비자가 온라인으로 구매한 상품을 반품하자 그 비용은 더 커졌다. 상품을 장바구니에 넣게 하기는 쉽지만 막상 제품이 도착했을 때 어떻게 보일지, 얼마나 잘 맞을지, 어떻게 작동하는지를 시각화해 보여주기는 어렵다.

미국소매협회National Retail Federation에 따르면 2021년 온라인 판매는 미국 소매판매액 4조 5830억 달러(약 6140조 원)의 약 23%를 차지했으며[15], 온라인 구매의 평균 반품률은 20.8%였다. 아마존의 2021년 전자상거래 총매출액이 4687억 8000만 달러(약 628조 원)인 것을 감안하면[16] 한 해 약 1000억 달러(약 134조 원) 상당의 상품이 반품되었다는 의미다.

'지구상에서 가장 고객 중심적인 회사'가 되고자 더 쉽게 반품할 수 있게 함으로써 아마존은 이제 추가 비용과 물류 공급망의 한계에 직면하게 되었다. 이는 지속적으로 고객경험을 개선해서 얻은 수익성, 성장, 고객충성도를 갉아먹고 있다. 이런 상황에서도 아마존은 엄청난 규모 덕분에 버틸 수 있었다. 아마도 규모가 작은 회사는 비슷한 상황에서 버티지 못할 것이다. 따라서 고객경험에 장기적으로 투자할 때는 부차적으로 수익성에 미치는 영향을 주의해야 한다.

경험을 선사하는 것은
언제나 사람이다

애플의 창업자 스티브 잡스Steve Jobs는 "처음에는 고객경험에서 출발해도 결국은 기술로 되돌아가야 한다"라며 정곡을 제대로 찔렀다.[17] 뛰어난 고객경험은 단순히 혁신적이고 새로운 기술적 기능을 도입한다고 되는 것이 아니다. 많은 회사가 여기서 좌절한다. 그들은 기술 자체에만 집중하지 가장 중요한 부분, 즉 그 기술을 '어떻게' 사용하고 '누가' 사용하는지에 관심을 기울이지 않는다.

오늘날 얼마나 많은 돈이 기술 개발에 집중되는지 한번 살펴보기를 바란다. 2020년 맥킨지글로벌서베이McKinsey Global Survey에 따르면 기업들은 "코로나 팬데믹 이후 고객 및 공급망 상호작용과 내부 운영의 디지털화를 3년에서 4년까지 앞당겼다"라고 한다. 중소기업 역시 디지털화에 투자하고 있다. 조직을 디지털화해서 '고객에 편의를 제공하려는' 목적이다.[18] 2020년에서 2021년 사이에 중소기업의 51%가 고객서비스 기술에 투자를 늘렸다.[19] 또한 IT 기업 경영자의 77%가 고객경험에 투자를 확대하고 있으며,[20] 93%는 더 나은 고객 대면 기술이 시장에서 경쟁력을 유지하는 데 필수적이라고 말했다. 전체 고객경험 소프트웨어 시장은 그 규모가 2021년 1673억 달러(약 224조 원)에서 2026년 2957억 달러(약 396조 원)로 커져서 연평균 성장률이 12.1%에 달할 것으로 전망된다.[21]

고객경험 기술에 이렇게 많이 투자하지만 다수의 소비자는 여전히 실망한다. 사실 고객이 떠올리는 브랜드 경험은 보통 '사람과 관련한' 것이다. 즉, 준비된 콜센터 상담원, 친절한 웨이터, 조심스러운 운전자, 정직한 영업 사원 등이다. 기업이 새로운 기술이나 최신 디자인만 내세우면서 정작 고객의 경험에서 가장 중요한 대상인 사람에 투자하지 않으면 기업과 고객 사이에 경험의 불일치experience disconnect가 나타나게 된다. 기업은 인간과 기술을 잘 융합해서 고객이 만족하는 경험을 하게 하는 방법을 찾아내야 한다.

무언가를 사고 싶을 때 고객에게는 선택권이 있다. 온라인에서 둘러보고 구매해서 집으로 배송시킬까? 온라인에서 구매하고 매장에서 수령할까? 아니면 매장에서 제품을 구경하고 나서 온라인에서 더 저렴한 가격으로 구매하는 '쇼루밍showrooming'을 할까? 고객은 시간과 노력, 맞춤형 서비스, 원활한 절차, 가격과 같은 몇 가지 변수에 따라 결정을 내릴 것이다. 기업이 온라인 구매 경험을 개선하는 데 얼마나 돈을 퍼부었는지는 중요하지 않다. 고객은 (인간이든 디지털이든) 그들의 기대와 필요를 충족하는 구매 방식을 선택하게 되어 있다. 따라서 디지털 기술에만 투자할 것이 아니라 인간 중심의 서비스가 고객의 기대에 부응하는지를 확인해야 한다.

효율성과 비용 절감이라는 명목으로 많은 기업이 온라인 거래에서 직접 직원이 응대하는 듯한 느낌을 주려고 노력한다. 그들은 디지털 도구를 이용해 고객에게 인간이 관여하고 있다는 착각을 불러일으켜 매출과 생산성을 극대화한다. 간단한 거래는 엄청나게 빠르고 쉬워졌으며 나날이 더 개선되고 있다. 이러한 고객경험 관련 기술은 고객과의 거래를 원활하게 하고 어려운 거래도 쉬워지게 함으로써 고객이 들이는 노력을 줄여 고객 충성도를 높였다. 그러나 앞서 은행의 화상뱅킹서비스 사례에서 보았듯 직원에게는 그 반대의 효과를 가져왔다. 몇몇 기업이 홍보하는 고객경험의 개선은 단지 기술력으로만 이룩한 것이 아니라 오히려 사람의 개입 덕분에 이루어진 것이다.

예를 들어 일부 기업에서는 고객이 온라인으로 주문하면 직원이 수동으로 영수증을 이메일로 보내고 내부 시스템에 주문 내용을 입력해야 한다. 이 프로세스는 고객에게는 자동화되어 편리하겠지만 직원에게는 별로 그렇지 않다. 누군가 고객의 불편을 대행하는 직원이 있는 것이다. 그러나 고객은 알지도 못하며 실제로도 신경 쓰지 않는다. '주문하기'만 누르면 그 일은 직원이 처리했더라도 문제가 안 된다. 그저 상품만 기대한 대로 받아볼 수 있으면 된다. 직원이 없으면 거래가 이루어질 수 없지만 고용주와 서비스를 제공받는 고객은 직원을 별로 중요하게 생각하지 않는다.

사실상 전 세계의 기업들은 고객의 기대치를 충족하려고 디지털 역량을 확보하는 데 수천억 달러를 투자하고 수백만 명의 인력을 투입했다. 그러면서 직원경험은 망각하고 수십 년간 방치했다. 직원경험이 현재 고객경험에 투자해도 오히려 감소하는 수익을 상쇄하는 데 도움이 되는 유일한 요소인데도 말이다.

한편 수백만 명의 불만족스러운 직원이 대퇴사를 하면서 이렇게 기업이 직원을 방치해 온 것이 집중 조명을 받았다. 그러나 대부분의 회사, 특히 미국 회사들은 이 문제를 해결하는 유일한 방법은 직원이 업무를 수행하는 데 드는 노력을 줄여서 직원경험을 강화하는 것이 아니라 고객경험 개선에 더 많이 투자하는 것이라고 생각한다. 이런 회사들은 직원경험 개선이 회사가 더 양질의 고객경험을 제공하는 데 상당한 영향을 미친다는 점을 제대로 이해하지 못하고 있다.

고객경험과 직원경험은 오랫동안 별개의 세계로 취급되었지만 실제로는 밀접하게 연결되어 있으며 운명을 공유한다. 직원경험이 좋아야 고객경험이 좋아진다. 고객경험은 직원경험이 동시에 개선되지 않는 한 절대 고객의 기대를 따라갈 수 없다. 그렇다면 고객경험의 딜레마를 해결하는 데는 무엇이 필요할까? 경험의 불일치를 극복하고 고객경험의 인간적인 측면에 기여하도록 투자할 방법은 무엇일까? 회사가 진정으로 B4C 또는 B4B가 되는 방법은 무엇일까? 대부분 기업에서 해답은 시야 안에 숨겨져 있는 듯하다. 바로 직원에게 권한을 부여하고 참여시켜 그들이 고객의 삶이나 사업을 풍요롭게 하는 것을 기업의 최고 목적으로 간주하게끔 하는 것이다.

- 고객경험을 개선하고자 전략적 결정을 내릴 때 직원에게 미칠 영향을 고려하는가?

  _____

  _____

  _____

- 당신의 기업은 고객의 비즈니스 또는 삶에 어떤 가치를 가져다주는가?

  _____

  _____

  _____

- 매력적인 고객경험을 어떻게 정의하는가?

  _____

  _____

  _____

- 당신의 기업문화에는 고객중심사고가 통합되어 있는가?

  _____

  _____

  _____

직원경험은
직원을 위한 것이 아니다

●

직원은 단순히
기업을 위해 일하는 것이 아니다.
직원은 그들이 없다면 불가능할 결과를 만들어낸다.
- 로저 마틴(토론토대학교 교수)[1]

리츠칼턴호텔컴퍼니Ritz-Carlton Hotel Company의 공동 설립자이자 회장인 호르스트 슐체는 내 팟캐스트에 나와 이렇게 말했다.

"직원은 우리를 섬기라고 고용된 게 아닙니다. 그들은 세계 최고의 호텔 회사를 만들겠다는 꿈을 함께 실현해 나가라고 고용된 것입니다."[2]

그래서 슐체는 리츠칼턴호텔에 근무하는 동안 새로운 호텔이 문을 열 때마다 참석해 모든 오리엔테이션과 교육 활동을 직접 주관했다. 슐체는 직원들을 성공으로 이끌려면 아래 세 가지를 제대로 해야 한다고 생각했다.

- 우수한 직원 선발
- 조직 및 고객의 목표와 직원 목표의 동일화
- 직무 교육

슐체는 직원들에게 훌륭한 고객경험의 중요성을 말로만 강조한 것이 아니라 매일 모든 직원이 그러한 고객경험을 실현하고자 노력하게끔 했다. 그 결과 호화로움에서 전설적인 호텔, 서비스에서 전설적인 직원이 탄생했다. 하지만 리츠칼턴호텔은 고객경험만을 강조하지 않는다. 이들은 직원경험에도 초점을 맞추어 직원에게 직접 결정을 내릴 권한을 주고 자기 역할을 성공적으로 수행할 수 있게 돕는다. 따라서 직원들은 고객에게 더 나은 서비스를 제공하고자 더욱 노력하게 된다.

예를 들어보자. 리츠칼턴의 직원은 고객의 문제를 해결하고자 상부에 따로 보고하지 않고 2000달러(약 270만 원)까지 사용할 수 있다. 또한 '15분 규칙'을 시행하는데, 다른 직원이 문제 해결을 도와주려고 개입하기 전에 담당 직원이 딱 15분 안에 고객의 객실 문제를 해결해야 한다는 것이다. 이 규칙은 직원들에게 부담을 과도하게 주는 것처럼 보일 수도 있겠지만 이 호텔의 기업문화는 직원들이 고객의 문제를 즉시 해결하는 데 최선을 다하도록 장려하고 그 노력을 보상한다.

리츠칼턴은 이러한 수준의 서비스 기대치를 충족하고자 신입 사원의 선발 과정과 교육을 매우 중요하게 여긴다. 새로운 직원을 채용하면 처음 3주 동안 엄격하게 교육해서 그 직원이 특정 직무에 적합하게 준비시키고, 호텔의 '높은 기준Gold Standard'을 몸으로 익히게 한다.

이 시기에 직원들은 '서비스의 스무 가지 기본'을 배운다. 이는 스무 가지 원칙과 행동 규범으로 구성되어 있으며, 직원들이 브랜드 약속과 그 약속을 이행할 때 자신이 해야 할 역할을 이해하는 데 도움이 된다. 슐체에 따르면 직원들에게 이를 반복해서 지도한 결과 리츠칼턴이 우수한 고객경험과 직원경험의 발판을 마련할 수 있었다고 한다. 이 스무 가지 원칙은 계속 강조되므로 모든 직원이 자기 역할에 상관없이 자연스럽게 제2의 천성처럼 받아들인다. 그 결과 직원들에게 주인의식을 일깨우고 추가 지원이 필요한 직원을 교육하는 데 도움이 된다.

이 교육이 너무나 유명해져서 리츠칼턴은 곧 다른 산업에도 영향을 미치게 되었다. 2000년대 초에 최초로 애플스토어를 구상할 때 스티브 잡스가 직원들에게 최고의 고객경험이 무엇이었냐고 물어보니 대부분 직원이 리츠칼턴에서 받은 서비스라고 대답했다. 그래서 잡스는 미래의 모든 애플스토어 관리자에게 리츠칼턴의 접대 교육을 받게 했다.[3]

리츠칼턴은 직원이 자기 일을 잘하는 데 필요한 모든 것을 보장한다. 혹시라도 리츠칼턴의 순고객추천지수(브랜드의 고객경험을 측정하고 고객경험관리프로그램을 구축하는 데 가장 적합한 지표를 제공한다) 또는 직원참여점수가 떨어지면 슐체는 아예 호텔로 사무실을 옮겨 관리자와 함께 그 '높은 기준'을 다시 정착시키고자 노력했다. 리츠칼턴의 직원이라면 관리자를 포함한 그 누구도 이 기준에서 예외가 적용되지 않았다.

만약 경영자가 고객과 매일 접촉하고 서비스를 제공하는 직원들에게서 멀어지면 그들이 매일 겪는 어려움은 모르는 채 서류만 보고 기업을 운영할 가능성이 높아진다. 직원경험을 개선하려면 직접 직원들과 접촉해 그들의 요구를 더 잘 충족할 수 있도록 해야 한다. 그렇게 한다면 직원도 만족할 것이며 궁극적으로 고객도 만족하게 될 것이다.

고객경험을 높이는
탁월한 직원경험의 일곱 가지 특성

고객경험과 마찬가지로 탁월한 직원경험을 달성하는 구체적인 방법에 대해 논의해 보자. 약간 다르기는 하지만 이 특성들은 뛰어난 고객경험을 얻을 수 있게 해주는 요소와 비슷하다.

- **효율성:** 직원이 업무를 수행하는 데 필요한 시간과 노력을 최소화한다. 주문받기, 고객서비스 및 지원 제공, 수금, 제품 배송 등 모든 작업에 해당한다. 예컨대 직원이 매일 기본 작업을 수행하고자 로그인해야 하는 프로그램의 수를 최소화하고, 통상적인 질문에 쉽게 답을 찾을 방법을 제공하며, 반복적인 작업에 걸리는 시간을 줄이는 프로세스를 정립하는 것이다.

- **개인맞춤화:** 직원에게 개인적이고 적합하며 개인의 요구와 필요에 즉각 반응하는 새로운 경험을 제공한다. 예컨대 직원이 회사에서 맡은 역할에 따라 의사소통 과정을 맞춤화하고, 사용하는 프로그램과 도구의 변경 사항을 알리고, 이수해야 하는 필수 교육을 통지하는 것이다.

- **예측성:** 직원의 요구를 예측할 수 있는 도구를 도입해야 한다. 그 좋은 예가 출산휴가다. 직원이 출산휴가를 신청하면 그에 따른 후속 조치를 마련해 혼란을 없애고, 같이 근무하는 직원들에게 휴가 기간을 공지하고, 대체인력을 충당하는 등 일련의 활동을 시작해야 한다. 이 모든 조치는 직원의 노력이 거의 필요하지 않게끔 매끄러운 방식으로 이루어져

야 한다.

- **선제적:** 직원과 맺은 관계에서 신뢰와 투명성을 구축하려면 좋은 소식과 나쁜 소식을 구분하지 않고 신속하게 전달해야 한다. 다른 회사를 인수한다거나 어떤 사업부나 공장을 폐쇄하거나 제품 단종을 결정했을 때 직원들이 이 소식을 외부인이나 언론 보도를 통해 듣기를 원할까? 당연히 아닐 것이다. 직접 알려주는 것이 더 나은 접근 방식이다.

- **유연성:** 직원의 피드백을 듣고 그들의 일상 경험을 개선하는 데 도움이 되는 강력한 피드백 회로를 개발한다. 이렇게 하면 상황에 더 신속하게 대응하고, 직원의 신뢰를 높이며, 두려움 없이 의견을 개진할 수 있는 안전한 공간을 조성할 수 있다. 유연근무, 재택근무 같은 근무 환경이 그 예다. 일부 회사는 사무실 근무와 재택근무가 섞인 혼합형 근무제와 주 4일 근무제를 시험해 보고 있다.

- **신속성:** 인사, 재무, 채용, 복리후생 등의 업무를 담당하는 직원에게 권한을 부여해 동료 직원들의 문제를 신속하게 해결할 수 있도록 한다.

- **가치 기반:** 직원에게 고유한 가치와 목적을 심어주어야 한다. 직원의 70%가 직장에서 자기 목적의식을 느낀다고 하므로[4] 직원과 소통해서 그 목적을 달성하는 데 도움을 주면

회사의 생산성은 당연히 높아질 것이다. 기업의 강령과 비전선언문 또는 가치관을 써서 벽에 붙이는 것도 좋지만 항상 말보다는 행동이 더 큰 울림을 준다.

고객경험과 마찬가지로 각 특성은 직원이 들이는 노력을 줄여 그들의 경험을 향상한다. 우수한 고객경험과 마찬가지로 우수한 직원경험도 그 기본은 사람이다. 직원에게 자기 일을 제대로 할 수 있게 권한을 부여하고 지원해 주지 않는다면 그들은 우수한 직원경험을 얻을 수 없다.

앞서 논의한 바와 같이 지난 수십 년간 기업은 고객의 노력을 줄이고자 단순 작업을 대부분 직원에게 넘겼다. 많은 기업이 고객경험의 향상을 계획하면서 직원의 요구를 철저히 무시해 온 것이 사실이다. 이는 직원의 노력과 고객의 노력 사이에 큰 단절을 초래해 결국 기업의 성장을 방해한다.

기술혁명은 왜
직원경험을 높이지 못하는가

제3차 산업혁명까지 기술은 주로 기업의 생산성과 효율성을 높이는 데 이용되었다. 기술은 반복적인 작업을 자동화하고 자료 입력, 조립라인 작업, 근무시간의 기록과 계획 같은 전통적인 프로세스와 시스템을 제거함으로써 생산성과 효율성을 대거 향상시켰다. 이론적으로는 이런 기술적 개선은 직원들이 더 적은 노력으로 업무를 수행할 수 있도록 해야 한다.

그러나 이런 개선의 효과는 고객을 응대하고 서비스하는 최일선 업무가 아니라 엉뚱하게도 공급망, 생산, 지원 등 후선업무 back-office 부문에서 발생한다. 기업이 고객의 노력을 줄이고자 구매하거나 서비스받는 데 필요한 단계를 축소하고 이를 판매 또는 고객서비스의 담당자에게 전가해 버리면 직원에게 부정적인 영향을 미치게 된다. 고객경험과 직원경험을 개선하려는 노력은 동시에 이루어져야 한다. 즉, 양측 모두 노력을 줄이는 것이 목표가 되어야 한다. 그러나 좋은 직원경험으로 좋은 고객경험을 어떻게 유발하는지, 그 반대의 경우도 마찬가지인지를 경영진이 제대로 이해하지 못한다면 이렇게 하기가 쉽지 않다.

기업이 운영을 간소화하고 고객과 직원을 대상으로 한 기술을 확장하려고 후선업무와 관련한 기술에 투자를 포기하는 것은 일반적으로 직원 생산성과 고객경험을 개선하는 데 관심을 두는 것이다.

그러나 고객경험과 마찬가지로 일선 직원을 위한 기술에 투자하는 것이 항상 답은 아니다. 기술만 도입한다고 해서 직원에게 도움이 되지는 않는다. 실제로 기술의 확산은 많은 직원을 당황하게 했다. 이는 교육과 운용 능력의 부족, 다양한 시스템 간의 통합 미비, 부적절한 프로세스의 결과다. 하지만 보다 근본적으로 일부 새로운 기술은 직원이 업무를 수행하는 데 필요하지 않을 수도 있으며, 결과적으로 새로운 기술이 직원에게 기술을 도입하기 전보다 도리어 더 큰 노력을 요구할 수도 있다.

직원들은 일상 경험을 통해 무엇이 효과적이고 무엇이 효과적이지 않은지 정확히 안다. 그들은 잘 돌아가지 않는 시스템과 프로세스를 다루며, 변화를 요구하는 고객의 높은 기대를 상대하고, 이상과는 거리가 먼 신입 사원 연수와 직원 교육을 경험하며, 그 외의 모든 것을 처리하는 사람이다. 또한 모든 직원은 다른 브랜드의 고객이기도 하다. 그들은 직장 밖에서 어떤 프로세스가 원활하게 돌아가는지 자신만의 고객경험을 통해 터득한다. 사실 56%의 직원은 그들이 품은 고객으로서의 기대치를 업무에 적용하려고 한다.[5]

예를 들어 B2C 영역에서 디지털 앱은 기존 시장에서 오랫동안 존재해 온 불편과 병목현상을 제거했다. 버튼을 한 번 누르기만 하면 최신 유행하는 옷을 구매할 수 있고, 길에서 택시를 잡지 않아도 되며 식료품점이나 은행에 가지 않아도 원하는 물건이나 서비스를 받을 수 있다. 직원들은 시중에 어떤 상품이 나와 있는지 알고 있으며 회사 내부 프로그램 같은 기업용 제품도 집이나 차에서 사용하는 제품과 서비스만큼 원활하게 기능하기를 기대한다. 직원들은 회사가 자신들의 불편이나 낭비되는 노력에 관심이 없어서 기업용 제품의 기능이 떨어진다고 생각한다. 그리고 어떤 면에서는 그들이 맞다.

인정하고 싶지 않겠지만 기업은 직원을 성공으로 이끌어 주지 않는다. 수십 년 동안 직원경험을 무시한 결과 고용주들은 이제 자신들이 어려운 상황에 부닥치게 되었다. 전반적으로 사업이 제품 중심에서 지나치게 고객 중심으로 변화하며 고객경험과 직원경험 사이에 엄청난 불균형이 생겨버린 것이다. 고객경험을 개선한 대가로 직원만족도, 주인의식, 충성도는 피해를 보았고, 그 피해의 정도가 이제 부인할 수 없을 지경에 이르렀다.

직원경험은 왜 지금껏
홀대받아 왔을까?

경영자 열 명 중 여섯 명이 대외적으로는 훌륭한 직원경험을 제공하는 것이 회사와 경영진 그리고 직원 개인에게 가장 중요한 일이라고 말하고 다니지만[6] 인사 담당 중역의 66%는 코로나 팬데믹 이후의 근무 정책을 수립하면서 직원에게 직접적인 의견을 거의 또는 전혀 받지 않았다고 고백했다.[7] 겉과 속이 달라도 너무 다르다.

고객 상담, 영업, 현장서비스 등 고객을 직접 접촉하는 분야에서 일하는 직원은 고객의 요구에 맞추어 뛰어난 고객경험을 제공하려 한다. 이들은 처음에 이런 직업을 선택한 이유로 고객을 직접 만날 수 있다는 점을 꼽는다. 그러나 연구를 통해 직원들은 현실과 동떨어진 회사의 조치에 매번 좌절감을 느낀다는 것이 밝혀졌다. 글로벌 IT 리서치 및 컨설팅 기업인 가트너Gartner의 설문조사에 따르면 "고객을 직접 응대하는 직원의 87%는 고객에게 더 나은 경험을 제공하려고 노력한다"고 응답했다.[8] 그러나 그중 반 이상은 직원이 고객과 원활하게 상호작용하는 데 회사가 충분히 지원해 주지 않는다고 생각한다. 사실 응답자 대다수가 "일상 업무에서 발생하는 쓸데없는 잡무를 처리하느라 고객에게 더 높은 품질의 경험을 제공하지 못한다"고 말한다.

사실 지난 수십 년 동안 기업은 직원의 고충점pain point을 알고 있었다. 시간이 지나면서 많은 기업이 설문조사나 고용 관련 자료를 다수 보유하게 되었지만 경영진의 73%는 이런 자료를 어떻게 이용해 변화를 끌어내야 할지 모른다고 말한다. 게다가 그 방법을 알아내는 데 시간도, 돈도 투자하려 들지 않는다.

설문조사를 통해 직원의 고충점을 어느 정도는 알 수 있다고 해도 그 고통스럽고 어려운 부분을 진정으로 이해하고 해결책을 마련하려면 경영진이 직접 직원경험을 체험해 보아야 한다. 그러나 시간을 투자해 정기적으로 고객의 전화 요청을 직접 받아보는 경영진이 얼마나 될까? 직원에게 개별적으로 연락해 회사가 어떻게 하면 그들의 업무가 더 용이해질지 물어보는 경영자는 얼마나 될까? 호르스트 슐체처럼 오리엔테이션 및 교육활동에 직접 참여하는 관리자가 있기는 할까?

또한 경영자들은 비효율성이 밝혀진 후에도 열악한 직원경험을 개선하는 데 돈을 지출하려 하지 않는다. 그 이유는 비용이 별로 안 드는 '즉각적인 해결책quick fix'같은 것은 이 세상에 존재하지 않기 때문이다. 경영진들은 일반적으로 오랜 관행이지만 시대에 뒤떨어진 투자수익률ROI에 의거해 투자를 결정한다. 그러므로 투자 대상을 선택할 때 즉각적인 결과가 나타나는 방식을 선호한다. 투자 기간이 길거나 그 끝이 정확히 어딘지 모를 시간의 지평선일 때에는 거의 오지 않을 '언젠가'로 투자가 미뤄진다. 결국 직원경험보다는 고객경험을 중시하는 정책으로 회사는 탄력성이 떨어지게 되었다. 경영진들은 도무지 이런 문제를 해결할 기미가 없으며, 보다 효율적으로 일하기보다 더욱 열심히 일하는 것을 기본 해결책이랍시고 강요하곤 한다.

주인의식 부족은
7.8조의 손실을 가져온다

대부분 직원은 수십 년 동안 자기가 하는 일에 불만을 품거나 무관심으로 대응했다. 그들은 부족한 급여, 경력개발 기회 제한, 비현실적인 생산성 목표, 쓸데없이 긴 출퇴근 시간에 좌절하고 있다. 도표 1.3에서 보듯 디지털혁명 이전까지는 직원의 생산성과 임금이 일치했지만 그 이후로 크게 달라진다. 1948년부터 1979년까지 생산성(평균 근무 시간당 총수입이 얼마나 증가하는지 측정)과 임금(근로자의 평균 급여)은 상당히 비슷하게 증가했다. 이는 '성장의 혜택을 소득계층 전반에 걸쳐 널리 확산하려는 체계적인 목표'를 수립한 결과였다.[9]

그러나 1979년에서 2020년 사이에 생산성은 61% 증가했지만 임금은 17.5% 증가하는 데 그쳤다. 생산성이 증가하면서 기업의 수익도 당연히 증가했지만 그 돈은 직원의 주머니로 들어가지 않고 최고경영진이나 법인 및 전문경영인 또는 주주에게 돌아갔다. 이는 고용주가 대부분 피고용자를 어떻게 생각하는지

1979년 이후로 생산성과 임금이 급격한 차이를 보인다.

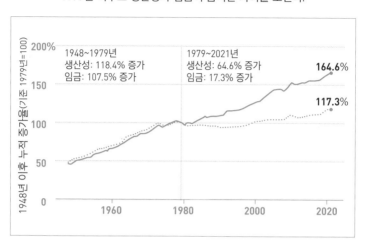

잘 보여주는 사례다.

임금과 생산성 문제를 해결하는 것 외에 회사가 직원경험을 개선하려면 직원의 주인의식^{engagement}에 주목해야 한다.

도표 1.4를 보자. 주인의식이 있다고 느끼는 직원의 비율은 2022년에 32%로 비참한 수준이며, 긴 시간이 흘렀음에도 2000년대 후반에서 거의 달라지지 않은 수치다. 심지어 미국 외의 다른 나라에서는 상황이 더 안 좋아 그 비율이 불과 20%밖에 되지 않는다.[11] 2021년 초부터 2022년까지 주인의식을 반영하는 요소에서 특히 '기대치가 명확한가, 자재와 장비가 적절한

가, 매일 자신이 가장 잘하는 일을 할 기회가 주어지는가, 조직의 사명 또는 목적에 공감하는가' 등에 직원들이 동의하는 정도가 급격하게 낮아졌다.[12]

한편 직장에서 원하는 것이 충족되지 않으므로 불만이 많고 회사에 충성하지 않는 소위 '주인의식이 없는disengaged' 직원의 비율은 서서히 증가해 미국에서는 2022년 17%가 되었다. 이보다 더 의미심장한 사실은 2021년부터 2022년까지 직장으로서 조직에 '매우 만족'한다는 직원의 비율이 8% 하락한 것이다.[13] 이러한 주인의식의 부족은 전 세계 경제에 매년 7조 8000억 달러(약 1경 447조 원)의 생산성 손실을 초래한다고 추정된다.[14]

| 도표 1.4 미국 직장인의 연평균 주인의식 추세[15] |

물론 주인의식이 있어야 생산성이 높아지지만 불만족스럽고

주인의식이 없는 직원도 회사가 부여한 목표를 달성하고 월급을 받으며 여전히 '일할' 수는 있다. 하지만 그런 직원은 자기가 비참하다고 느낄 수 있다. 이렇게 주인의식이 부족하면 협력하는 데 무관심해지고 능동적으로 나서서 목표치 이상을 달성하거나 추가 업무를 수행하지 않게 된다. 이는 결국 주인의식을 품은 직원들에게까지도 부정적인 영향을 미친다.

주인의식은
기술로 보완될 수 없다

표면상으로는 디지털 생산성이 이런 문제를 숨길 수 있다. 지루하고 반복적인 작업을 처리하는 데는 사람이 직접 손을 쓰지 않아도 기술과 자동화의 힘을 빌리면 생산성 문제를 어느 정도 해결할 수 있으니 말이다. 그러나 기술이 도움이 될 수는 있어도, 만병통치약은 아니다. 주인의식이 생산성에 미치는 영향은 산업 분야, 수행하는 작업, 공정의 자동화 및 직원 개입 수준에 따라 달라진다.

요식업을 예로 들어보자. 불만이 많고 주인의식이 없는 직원도 주방에서 바쁘게 일해서 생산성을 높일 수는 있다. 그러나 음식의 품질이 떨어지고 서비스 수준이 낮다면 최상의 결과를 얻을 수 있을까? 하루에 제공할 수 있는 식사의 수를 측정한다면 생산성이 높아 상황이 제법 괜찮게 보일 수도 있다. 그러나 음식과 서비스의 품질, 고객의 재방문율 그리고 온라인 리뷰를 기준으로 한다면 상황은 다소 다를 것이다.

직설적으로 표현하면, 주인의식이 없는 직원은 조직의 목표를 달성하고자 자발적으로 노력할 가능성이 없다는 뜻이다. 또한 성과가 좋지 않으니 직원이 그만두거나 해고될 가능성도 높고, 이는 인력이 부족한 상황을 더욱 악화시킨다. 직원이 퇴사하고 나서 대체할 인력을 선발하는 데는 큰 비용이 든다. 평균적으로 이전 직원 기본급의 약 90%에서 200% 정도의 비용이 소요된다고 한다.[16] 심지어 이는 퇴사한 직원의 전문성이 손실되는 데서 오는 타격과 신규 직원의 교육 및 훈련에 드는 비용은 제외한 금액이다.

이 모든 사항을 고려할 때 직원의 주인의식이 높은 기업이 경쟁업체보다 네 배 이상 높은 주당순이익 성장률을 달성한다는 것은 당연한 일이다.[17] 직원의 주인의식이 없다면 생산성, 혁신, 조직의 유연성을 기대하기 어렵다. 이렇게 주인의식이 낮은 상황에서 어떻게 기업이 우수한 고객경험을 제공할 수 있겠는가?

최고경영자들도 직원의 주인의식이 기업 운영에서 차지하는 중추적 중요성과 그것이 매출 증대에 미치는 영향을 점차 깨닫기 시작했지만 다소 늦은 감이 있다. 이제 직원경험에 집중할 때가 왔다. 직원들은 직원경험이 나아지기를 간절히 원하고 있으며, 고객들은 형편없는 서비스를 경험하면서 그것에 신경 쓰지 않은 결과를 느끼고 있고 이는 실적으로도 나타나고 있다.

직원에게
직접 질문하라

직원경험이 저하되는 문제를 해결할 수 있는, 아주 간단하지만 많은 조직이 종종 놓치곤 하는 접근 방식이 있다. 그것은 바로 직원들에게 개선할 점을 물어보는 것이다. 『초우량 기업의 조건』을 공동 저술한 톰 피터스는 '현장경영(MBWA, Management by Wandering Around)'의 효과를 믿었다.[18] 회사에서 무슨 일이 일어나는지 알고 싶다면 현장 가까이에 가보라는 말이다. 목적 없이 회사를 배회하라는 뜻이 아니다. 이는 직원들과 접촉하고 이 회사에서 일하는 게 어떤지 알아볼 수 있는, 신중하고 진정성 있는 방법이다. 그렇게 하면 보고서나 스프레드시트에서는 결코 찾을 수 없는 것을 발견할 수 있다.

직원들은 자기가 하는 일을 좋아하는가? 회사가 자기 일을 지원해 주고 자기 말을 들어준다는 느낌을 받는가? 직무를 효과적으로 수행할 수 있는가? 구식 기술과 관행에 시간과 노력을 낭비하고 있지 않은가? 잘 대처했더라면 생기지 않았을 불만의 근원을 발견할 수도 있다.

기업이 시간을 내어 진정으로 직원의 가장 큰 불만 요인을 철저히 분석한다면 이러한 문제를 해결해서 직원들에게 발전과 선의를 보여줄 수 있을 것이다. 직원경험을 개선하면 그 결과 고객경험도 개선할 수 있다. 이에 따른 이점은 엄청나다.

- 직원의 69%는 회사에서 인정받으면 더 열심히 일할 것이라고 말한다.[19]
- 고객경험에서 뛰어난 성과를 보이는 회사는 그렇지 않은 회사보다 주인의식이 있는 직원이 1.5배 더 많다.[20]
- 61%의 직원이 최고경영진은 그들의 피드백을 더 잘 들어야 한다고 말한다.
- 평균적으로 직원의 62%는 회사가 직원을 잘 대우하면 더 열심히 일할 것이라고 말한다.
- 조직에 헌신적인 직원은 업무에 57% 더 많은 노력을 기울이며 자신이 주인의식이 없다고 응답한 직원보다 퇴사 가능

성이 87% 낮다.[21]

- 직원의 81%와 인사 관리자의 58%는 '우수한 직원경험을 형성할 수 있게 해주는 긍정적인 문화를 창출하고 유지하는 것'이 중요하다고 말한다.[22]

이렇듯 직원경험을 개선하는 과정은 최고경영진에서 시작해 관리자를 거쳐 직원에 이르기까지 모든 단계에서 이루어져야 한다. 기업의 모든 구성원이 직원경험을 공유하고 자기를 그 발전의 담당자로 보아야 한다. 직원들이 공통적인 가치에 기반해 동기를 부여받고 공통적인 목적에 헌신하는 조직은 그렇지 않은 조직보다 고객만족도가 높을 가능성이 훨씬 크다.

선도적인 기업 사이에서는 이미 이런 혁명이 진행되고 있다. 이런 기업은 직원들을 '내부고객'으로 대우하기 시작했고, 그 결과 직원경험과 고객경험 모두 나아지게 되었다. 보험사 올스테이트Allstate의 CEO 톰 윌슨Tom Wilson은 이렇게 말한다.

"우리는 직원을 '내부고객'이라고 생각합니다. 그들은 돈을 내지는 않지만 대신 열심히 일함으로써 대가를 지급합니다."[23]

이는 서로에게 이익이 되는 상황이다. 안 좋은 직원경험을 처리해야 할 책임은 기업에 있다. 그 책임을 다한 기업만이 다가올 10년의 치열한 경쟁에서 승리할 것이다. 직원이 회사의 지원을 받고 주인의식이 있으며 행복해지는 문화를 형성해 나가면 기업을 활기차고 성공적이게 유지할 수 있다. 직원경험 또는 고객경험 중 하나만 향상해도 수익이 증가하지만, 둘을 동시에 개선하면 엄청난 상승효과가 발생한다.

유니레버

직원 교육이 불러온
290%의 성장

이미 직원경험과 고객경험의 관계를 이해하고 이를 바탕으로 경영하는 기업이 있다. 역사가 거의 100년 가까이 된 거대 제조업체 유니레버^{Unilever}다. 1929년 설립된 유니레버는 2021년 기준 14만 5000명 이상의 직원, 400개의 브랜드, 연간 매출 524억 4000만 유로(약 77조 5500억 원)를 자랑하는 다국적기업이다.

유니레버는 규모가 너무 큰 탓에 자동화나 인공지능과 같은 기술의 발전이 가져온 변화에 대처하는 데 어려움을 겪고 있었다. 이에 대응해 회사는 경쟁력을 유지하고 직원들을 변화시키고자 다양한 '일의 미래^{Future of Work}' 프로그램을 시작했다. 이 과정에서 그들은 직원을 포함한 모든 구성원에게 '지속 가능한 삶을 일상화'한다는 기업 강령에 충실했다.

다른 기업들이 '수익성을 향상하고 성장 기회를 찾으려고' 비용을 절감하는 동안 유니레버는 그런 접근 방식으로는 기회를 놓치게 되고 궁극적으로 역효과를 초래한다고 믿었다.[24] 물론 유니레버 역시 2008년부터 지속 가능한 공급망을 통해 연간 15억 달러(약 2조 30억 원)의 간접 비용을 절감하긴 했지만,[25] 그들은 그 돈의 4분의 3을 고스란히 성장 전략에 재투자했다.[26]

2009년부터 2019년까지 유니레버 CEO로 재직한 파울 폴만 Paul Polman은 '목적'이 '직원들 사이의 긴장을 줄이고 성장을 위한 최적의 환경을 조성하는 데 도움이 될 수 있다'고 주장했다. 따라서 폴만은 회사, 제품, 직원에 단순 비용 절감과 즉각적 이익 창출 이외의 목적을 부여하는 데 초점을 맞추었다.[27] 어떤 목적일까? 바로 더 좋은 지구를 만들겠다는 사명감이었다. 이 회사는 '유니레버의 지속 가능한 생활 계획Unilever Sustainable Living Plan'이라는 장기적인 사업 모형을 창조했는데,[28] 이 모형은 폐기물과 온실가스의 배출량을 줄이고 전 세계의 생산 기지에서 100% 재생 에너지를 사용하는 전력망을 구축하는 데 초점을 맞추었다.

폴만은 단지 유니레버에 내부적으로만 목적 주도적 사업을 고무한 것이 아니라 처음으로 다른 기업의 CEO들에게도 동일한 것을 요구한 인물이었다. 폴만은 2019년 미국의 대표적인 경제단체 비즈니스라운드테이블^{Business Roundtable}이 발표한 '기업의 목적에 관한 성명서'에 181명의 CEO와 함께 서명하면서 "고객, 직원, 협력업체, 지역사회 그리고 투자자의 이익을 최대화하고자 기업을 이끌 것"이라고 밝혔다.[29]

오늘날의 직원은
자기 성장이 가능한 조직을 찾는다

폴만은 이제 유니레버의 CEO가 아니지만 목적과 직원에 투자한다는 그의 이념은 사라지지 않고 오히려 가속화되었다. 2009년부터 유니레버는 목적 중심 접근 방식이 직원경험을 향상할 것으로 생각해, 직원들을 회사의 정책에 동참시키고자 했다. 그래서 직원들의 협조를 구하기 위해 시작한 프로그램이 '유니레버 리더십 개발^{Unilever Leadership Development}'이었다. 이는 원래 고위 경영진에게만 제공하는 것이었지만 곧 조직 내 모든 직원에게로 확대되었다. 직원들은 개인별로 '미래에 적합한 계획'을 세웠는데, 이는 18개월간의 기법 개발 계획을 포함하며 회사의 목표와 일치하면서도 자신에게 중요한 목적에 초점을 맞추었다.

이러한 계획들은 성과를 거두고 있다.《하버드비즈니스리뷰》에 따르면 이 '목적 발견' 워크숍에 참여한 사람 중 92%는 현재 맡은 일을 더 잘하려고 한층 더 노력하고 있다고 말했지만 참여하지 않은 사람은 33%만이 그렇게 말했다.[30]

많은 기업이 직원 교육을 양날의 검으로 여긴다. 한쪽 날은 직원의 생산성과 역량이 증가해 나타나는 효과이며 다른 쪽 날은 직원이 회사에서 교육받고 나서 떠나는 경우 낭비되는 투자 비용이다. 그러나 자신의 경력에 도움이 되는 교육이나 투자가 이루어지지 않는 기업에 훌륭한 인재가 계속 남아 있을 이유가 없다. 오늘날처럼 엄청난 불확실성이 존재하는 시대에 직원 개발에 투자하는 것은 퇴사하는 일부 직원이 미치는 손해를 참작하더라도 장기적으로 훨씬 막대한 이익을 가져다준다.

유니레버 홈페이지에는 이런 말이 있다. "우리는 모든 사람에게 평생직장을 약속할 수는 없습니다. 그러나 유니레버에서든 다른 곳에서든 의미 있는 일을 추구할 수 있는 기술과 능력을 제공하고자 최선을 다할 수는 있습니다."[31] 이것이 바로 오늘날 직원들이 찾는 경험이다. 일단 직원이 그것을 찾으면 기업에 보여주는 성과는 상당하다. 폴만의 임기 동안 유니레버는 총주주 수익률이 290%에 달했으며[32] 연 매출은 380억 달러(약 50조 원)에서 600억 달러(약 80조 원) 이상으로 증가했다.

[SELF-CHECK]

· 업무생산성, 고객에게 제공하는 가치 또는 전반적인 비즈니스에 초점
  을 맞추어 직원을 관리하는가?

_____

_____

_____

· 직원이 미래를 대비할 수 있도록 폭넓은 기술 훈련에 투자하는가?

_____

_____

_____

· 고객을 위한 기술적 개선과 직원을 위한 기술적 개선이 균형을 이루고
  있는가?

_____

_____

_____

2장

고객도, 직원도 만족하는 조직은 무엇이 다른가?

조직의 바퀴는
고객과 직원이 연결될 때 굴러간다

●

직원을 올바르게 대우하면
그들이 고객을 올바르게 대우할 것이다.
그러면 고객이 돌아오고,
그것이 주주를 기쁘게 할 것이다.
- 허브 켈러허(사우스웨스트항공 공동 창립자 겸 명예 회장)[1]

직원이 만족해야 고객도 만족한다는 가설은 당연해 보이며, 나만 그렇게 주장하는 것도 아니다. 하지만 그렇게 당연한 것이라면 왜 더 많은 기업이 이에 따른 운영 방식을 개발하지 않을까? 이 놀라운 성장 기회를 왜 더 자주 활용하지 않을까?

앞에서도 말했지만 수년간 경영자들은 뛰어난 직원경험이 더 나은 고객경험으로 이어져 기업의 수익이 늘어나고 성장이 촉진된다는 것은 인정해 왔다. 하지만 그런 직접적인 연관성을 입증하는 확실한 연구 결과는 이제껏 거의 없었다. 그래서 나는 '행복한 직원이 더 주인의식이 있고, 그 높은 주인의식은 더 나은 고객경험으로 나타난다. 직원경험과 고객경험이 함께 개선될 때 (한쪽을 희생하고 다른 쪽만 개선할 때보다) 훨씬 더 많이 성장할 수 있다'는 가설을 세우고 포브스인사이트, 에덜먼, 탤런텍 같은 연구 기관과 협력해 연구에 착수했다.

2년 동안 자료를 조사한 결과[2] 직원경험을 개선하면 실제로 고객경험도 직접적으로 개선되고 결과적으로 성장률이 높아진다는 강력한 증거를 찾을 수 있었다. 직원경험 지표가 좋은 기업이 고객경험 지표도 좋게 나오는 추세는 결코 우연이 아니며, 이 두 가지가 모두 좋으면 매출이 증가하는 결과가 나온다. 이 세 가지 요소는 깊은 관련성이 있다. 또한 기업이 더욱더 '전체적인 접근 방식holistic approach'을 취해서 모든 사람에게 의미 있는 경험을 제공할 때 성장 외에도 여러 이점이 나타난다는 점을 알 수 있었다. 그 이점들은 아래와 같다.

- 직원과 고객의 강력한 브랜드 충성도와 친밀감
- 기술변화를 포함한 모든 변화에 적응력이 뛰어난 직원들
- 변화와 혁신을 포용하는 조직적 역량
- 비즈니스 목표 달성을 위한 직원들의 협력
- 경영진에 대한 직원들의 만족도 향상
- 직원과 고객이 모두 기업의 비전, 가치 및 문화에 개인적으

로 연결되어 있다는 느낌

　연구에서 얻은 세부적인 결과를 여기서 모두 설명하는 것은 불가능하지만 매출 성과와 직원참여도를 개선하려는 기업에 가장 중요한 통찰력을 제공하고자 이 책 전반에 걸쳐 그 내용을 간간이 소개했다. 여기서는 이 모든 연구에서 얻은 주요 시사점을 모아 공유할 테니 직원경험과 고객경험을 더 나란히 맞추어 갈 때 생성되는 선순환을 이해하고, 또한 그것이 회사의 성과와 탄력성에 얼마나 중요한지도 완전히 습득하기를 바란다. 먼저 이미 이러한 선순환을 이해하고 받아들인 사우스웨스트항공의 사례에 대해 살펴보자.

고객 불만이 가장 적은 항공사, 사우스웨스트항공

반세기 동안 전 세계 수천 편의 비행기를 이용해 본 경영서 작가 톰 피터스는 그중 가장 인상 깊었던 비행이 사우스웨스트항공의 비행기를 탄 기억이라고 한다. 비행을 자주 하는 사람들이 다 그렇듯이 피터스는 이미 저비용 항공사치고는 매우 우수한 사우스웨스트항공의 고객서비스 평판을 이미 들어 알고 있었다. 하지만 그 유명한 고객서비스를 직접 경험하고 나서는 그것을 절대 잊지 못했다.

피터스가 비행기에서 내리면서 보니 휠체어를 탄 어떤 승객이 탑승교의 경사로 앞에서 누가 밀어주기를 기다리고 있었다. 그런데 갑자기 조종사가 비행기에서 내려오더니 그 승객에게 다가갔다.

"탑승교로 밀어 올려드릴까요?"

"네"라고 놀란 승객이 대답하자 조종사는 그 남성의 휠체어를 경사로 위로 밀어 올려주었다. 피터스에게 이것은 탁월함이 무엇인지를 실제로 보여주는 환상적이고 '생생한' 사례였다.

괴짜 승무원과 재치 있는 비행 안내 방송으로 유명한 사우스웨스트항공은 최고 수준의 고객만족도가 '직원 우선'이라는 신조 덕분에 가능하다고 주장한다. 사우스웨스트는 직원을 올바르게 대우하면 그 공이 반드시 돌아온다고 믿는데, 그렇게 하면 직원도 고객을 제대로 대우할 것이라고 생각하기 때문이다. 사우스웨스트는 선순환의 시작이 직원에서 비롯되어 사업이 번성하고 이윤이 높아진다는 것을 깨달은 것이다. 이런 이유로 사우스웨스트항공은 2019년에 기업 채용 및 취업 정보 사이트 인디드Indeed가 선정한 가장 일하기 좋은 기업 3위에 올랐고, 2020년에는 항공사품질평가Airline Quality Rating에서 고객 불만이 가장 적은 최우수 항공사로 뽑히기도 했다.[3]

이처럼 사우스웨스트항공의 명성이 워낙 높았기에, 기업문화 및 소통 담당 상무였던 진저 하디지Ginger Hardage와 이야기할 기회가 생겼을 때 나는 매우 기대에 차 있었다. 하디지는 사우스웨스트에서 25년이나 근무하며 기업문화 및 소통 담당 임원까지 맡았지만, 회사의 뛰어난 고객서비스와 직원경험은 모두 설립자인 허브 켈러허와 명예 회장인 콜린 배럿의 덕이라고 한사코 공을 돌렸다. 하디지의 말에 따르면, 그들은 사람을 먼저 생각하면 나머지는 알아서 돌아가게 되어 있다는 '서번트리더십servant leadership' 철학을 중시했다고 한다. 피터스의 경험을 말해줘도 하디지는 전혀 놀라지 않았다.

"우리는 그런 사연을 자주 들어왔습니다. 우리 회사는 그런 사연을 수집하고, 퍼지도록 장려하기도 했습니다. 직원, 특히 신입 사원의 뛰어난 고객서비스 행동을 강화하기 위함이었지요."

하디스는 직원만족과 고객만족의 연결성을 구동 바퀴에 비유했다. 직원경험과 고객경험이 성공적으로 개선될수록 두 경험이 바퀴처럼 맞물려 조직을 더욱 힘차게 굴러가게 만듦으로써 조직의 성장이 가속화된다는 것이다.

"많은 기업이 주주를 가장 우선시하면서 구동 바퀴를 돌리는 실수를 범하고 있습니다. 그렇게 되면 사실상 그다음에 직원을 이 과정에 참여시키기는 무척 어렵습니다."

사우스웨스트항공의 사훈에는 '직원은 회사로부터 고객과 동일한 수준의 관심, 존중, 배려를 받아야 한다'고 명시되어 있다고 한다. 하디지는 이 사실을 들려주며 다시 한번 직원경험과 고객경험에 남다른 방식으로 접근한 켈러허를 치켜세웠다. 그렇다. 모든 사업상의 결정이 직원경험과 고객경험을 연결되게 할 때 회사의 구동 바퀴는 가장 빠르게 회전한다.

"기업이 직원의 모든 면을 돌봐주면 직원 역시 고객을 돌보게 되어 있습니다. 그 조종사처럼 말이지요. 간단한 원리입니다."

이것이 하디지의 결론이다.

| 도표 2.1 **직원경험과 고객경험에 투자했을 때의 성과 비교[4]** |

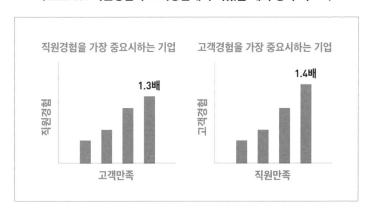

세일즈포스의 연구 결과 '직원경험에 높은 우선순위를 둔다고 생각하는 기업은 그렇지 않은 기업보다 고객만족도 핵심성과지표(KPI, Key Performance Indicator)에서 1.3배 더 높은 성장을 보였다'고 한다. 반면에 '고객경험에 높은 우선순위를 둔 기업은 그렇지 않은 기업보다 직원만족도 KPI에서 1.4배 더 높은 성장을 보였다'고 한다. 고객경험과 직원경험이 함께 향상할 때 그 효과는 더욱 커진다.

이런 말을 할 때마다 가장 자주 나오는 질문은 "좋다는 것은 알겠는데 구체적으로 얼마나 기업이 성장했고, 매출에 미치는 영향은 어느 정도인가?"라는 것이다. 직원경험과 고객경험이 모두 높은 기업은 3년 동안 8.5%의 연평균 성장률을 보였으며, 이는 직원경험과 고객경험이 낮은 기업의 4.35%보다 거의 두 배(1.8배) 높은 값이다. 다시 말해 매출액이 10억 달러(약 1조 3000억 원) 규모의 기업이 이런 성장률을 보인다면 연간 추가 매출이 4000만 달러(약 535억 원)에 이른다는 뜻이다.

미국 최고의 기업 목록에는 페덱스, 펩시콜라, 아마존, 애플, 넷플릭스, 코스트코, 힐튼호텔 그리고 사우스웨스트항공 같은 상징적인 브랜드가 포함되어 있다. 비록 우리 모두가 10억 달러 규모의 기업을 운영하지는 않더라도 앞에서 본 성장률은 관심을 기울일 만한 가치가 있다. 직원경험과 고객경험을 최적화하고 개선하는 데 노력을 더욱더 기울이면 수익이 증가할 수 있다. 다만 필요한 게 하나 있다. 성장에 대한 사고방식 전환이다.

장기 근속한 직원이
돈을 더 벌어온다

우리 연구는 기업 단위의 자료만을 기반으로 했으므로 직원경험과 고객경험의 연결이 실제로 매출 증대의 원인이며, 가령 홍보 효과가 뛰어난 언론보도나 우수한 신제품 출시 같은 다른 요인이 그 원인이 아니라는 것을 명확히 입증할 수는 없었다. 그래서 한 걸음 더 나아가 직원경험의 어떤 요소가 고객경험과 기업 성장에 영향을 미치는지를 포함해 이러한 인과적 영향을 더 정확히 파악하고 정량화할 수 있는지를 확인해 보기로 했다. 이런 연관성과 그 결과를 입증한다면 직원에게 투자하는 것이 얼마나 중요한지를 알려주는 강력하고 새로운 증거가 될 뿐만 아니라 이러한 투자의 힘을 경영진에게 보여줄 기회가 될 것이다.

　우리는 미국의 대형 할인점이 '현장' 직원의 이야기를 직접 들을 수 있는 최적의 조건을 제공할 것으로 판단했다. 고객과 바로 상호작용을 하는 직원에게 크게 의존하는 분야를 직접 연구하면 직원이 고객의 결정에 미치는 영향을 집중적으로 조사할 수 있다고 생각한 것이다. 우리의 질문은 다음과 같았다. 다른 조건이 모두 동일하다면 고객과 직접 상호작용을 하는 직원의 특징이 매출과 이익에 영향을 미치는가?

소매업 사례 연구(3년간의 자료)를 해보니 우선 직원을 다음의 네 가지 요소로 구분할 수 있었다.

1. 직원의 근속 기간
2. 정규직·비정규직 등 고용 형태
3. 부서 이동 경험
4. 보유 기술의 대체 가능 여부

좀처럼 통합해서 살펴보는 법이 없는 재무 자료와 인적 자료를 결합해서 또 다른 의문점의 답을 구하려 했다. 매월 초에 파악한 직원의 구성이 그 달에 매장에서 발생한 매출에 영향을 미치는가? 결과는 충격적이었다. 직원과 매출 간의 명확한 연관성을 확인할 수 있었을 뿐 아니라 그 영향력은 상당한 수준이었다. 간단히 말해서 고객과 직접 상호작용을 하는 직원이 첫째, 근속기간이 길고, 둘째, 타 부서 경험이 많으며, 셋째, 기술이 더 뛰어나고, 넷째, 정규직 비율이 높을수록 시간당 매출이 훨씬 더 높았다.

시간당 매출은 얼마나 증가했을까? 도표 2.2를 보면 만일 어떤 매장의 직원들이 앞에서 말한 네 가지 요소의 하위 25% 이하였다가 상위 25%로 바뀐다면 근로자 1인당 시간당 매출은 57달러(약 7만 6000원)에서 87달러(약 11만 6000원)로 증가하게 된다. 매출액이 50% 이상 증가한 것이다. 또한 주목할 점은 비용을 더 들이지 않고도 이렇게 매출이 늘어날 수 있다는 점이다. 영업이익을 병렬 분석한 결과 이런 네 가지 요소를 통해 직원경

| 도표 2.2 직원경험이 매출액과 수익에 미치는 영향 |

직원경험을 4분위로 나눠 시간당 매출과 시간당 수익을 산출했다.
숫자는 시간당 금액을 말한다.

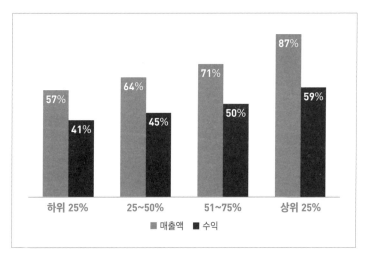

험을 개선하면 시간당 근로자의 수익은 41달러(약 5만 5000원)에서 59달러(약 7만 9000원)로 45% 증가했다.

여기서 제시한 수치는 당연히 해당 회사와 소매 산업에만 해당한다. 그러나 그 효과가 상당하므로 경영진이 성과를 개선할 엄청난 기회를 놓치고 있다고 설득하기에는 충분하다. 고객과 직접 상호작용을 하는 직원 혹은 직무는 다르더라도 회사에서 일하는 어떤 직원이든, 그들은 단순히 최소화해야 할 비용이 아니라(매장, 콜센터 및 서비스센터에서 일하는 직원을 그렇게 생각하는 경영자도 있다) 올바르게 관리만 한다면 상당한 수익을 돌려주는 잠재적 고수익 투자 기회다.

직원경험은 여전히 홀대받는다, 직원들에게조차!

직원경험은 고객경험의 향상과 매출 증가에 효과가 없다고 무시되는 경우가 많다. 설사 경영진이 이 연결을 이해한다 해도 여러 내부적인 과제를 극복하려면 협조가 필요한 실정이다. 도표 2.3에서 보이듯 임원진은 직원경험을 우선시해야 한다고 주장하면서도 실제로는 전혀 그러지 못한다.

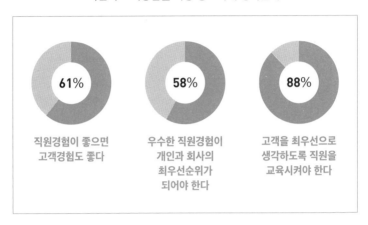

| 도표 2.3 **직원경험에 대한 이상과 현실** |

최고경영자는 직원경험·고객경험·매출의 연결성을 알면서도
여전히 고객경험을 가장 중요하게 생각한다.

61%
직원경험이 좋으면
고객경험도 좋다

58%
우수한 직원경험이
개인과 회사의
최우선순위가
되어야 한다

88%
고객을 최우선으로
생각하도록 직원을
교육시켜야 한다

그나마 최고경영자들이 '직관적으로라도' 이런 연관성을 이해한다는 것은 다행스러운 일이다. 최고경영자의 61%가 좋은 직원경험이 좋은 고객경험과 동일하다고 생각하고, 58%는 우수한 직원경험을 최우선으로 생각해야 한다고 말한다. 하지만 직원경험을 지지하는 것은 거기까지다. 직원에게 고객의 요구를 최우선으로 생각하도록 교육해야 한다고 말하는 최고경영자는 88%로, 압도적인 비율이다.

이는 비단 미국에만 존재하는 현상이 아니다. 북유럽 국가와 호주, 뉴질랜드의 경영진만이 회사가 성공하려면 직원경험이 고객경험보다 더 중요하다고 생각한다. 도표 2.4에 나타나듯 미국과 마찬가지로 다른 국가들은 고객경험이 직원경험보다 중요하다고 생각하며 특히 멕시코, 싱가포르, 독일에서는 이런 현상이 더욱 두드러진다. 전 세계 모든 회사의 경영진이 아무리 말로는 직원경험을 개선하겠다고 해도 실제 실행하는 일은 드물다.

| 도표 2.4 **직원경험과 고객경험의 중요성에 대한 최고경영자들의 대답** |

전 세계 최고경영자들은 여전히 직원경험보다
고객경험이 중요하다고 생각한다.

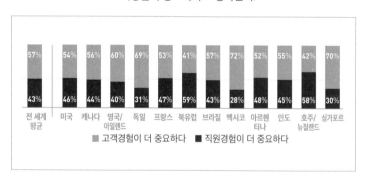

	전 세계 평균	미국	캐나다	영국/아일랜드	독일	프랑스	북유럽	브라질	멕시코	아르헨티나	인도	호주/뉴질랜드	싱가포르
고객경험이 더 중요하다	57%	54%	56%	60%	69%	53%	41%	57%	72%	52%	55%	42%	70%
직원경험이 더 중요하다	43%	46%	44%	40%	31%	47%	59%	43%	28%	48%	45%	58%	30%

이보다도 더욱 실망스러운 것은, 직원들조차 고객경험이 직원경험보다 더 중요하다고 생각한다는 점이다.

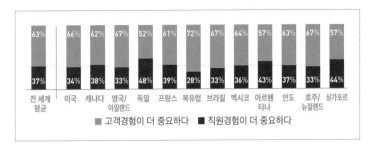

| 도표 2.5 **직원경험과 고객경험의 중요성에 대한 직원들의 대답** |

심지어 직원들조차 기업의 성공에 고객이 더 중요하다고 생각한다.

도표 2.5 그래프에서도 보이듯 압도적이게도 전 세계적으로 63%의 직원이 고객경험이 직원경험보다 더 중요하다고 생각한다. 이 통계 수치는 직원들이 회사의 발전에 이바지한다고 느끼는 기업문화를 구축하기에는 아직 멀었다는 것을 보여준다.

직원경험의 책임자는
누구일까?

어디서나 경영진이 인식하는 현실과 직원이 일상생활에서 겪는 현실 사이에는 엄청난 괴리가 있다. 이런 불일치는 기업이 직원경험과 고객경험을 개선해서 성장하는 것을 가로막는 커다란 장애물이다. 게다가 경영진의 책임 의식이 부족하고 직원경험의 주도권이 별로 없는 상황 탓에 이 격차는 더욱 심화되고 있다. 단적으로 인사 부문에서 기업의 중요한 의사결정에 참여한다고 대답한 비율이 경영자 중 51%, 직원 중 33%에 지나지 않는다. 중요한 결정에 직원의 의사를 반영할 기회가 없으므로 구조상 경영진이 현실을 제대로 인식할 수 없는 것이다.

또한 오늘날 기업에서 경영진의 74%가 사실상 직원경험을 책임지는 사람이 없다고 말하는데, 이는 매우 심각한 문제다. 이 문제는 조사한 모든 분야와 지역에서 발생했지만, 특히 캐나다에서는 91%의 경영진이 회사 내에 직원경험을 맡아 책임지는 사람이 없다고 했다(이 비율은 조사한 지역 중에서 가장 높게 나타난 것이다). 미국과 독일이 각각 64%와 59%로 그 비율이 가장 낮았다. 이는 이 두 지역에서 직원경험을 개선하고자 노력하고 있다

| 도표 2.6 **직원경험을 책임지는 사람이 없다고 답한 최고경영자의 비율** |

직원경험을 책임지고 통제하는 기업은 전 세계적으로 별로 없다.

는 사실을 나타낸다.

전 세계에서 열린 수십 개의 경영진 원탁회의round table에서 직원경험의 책임감 부재는 손꼽히게 중요한 의제였다. 특히 최고인사책임자나 최고인력책임자가 참석할 때는 더욱 그랬다. 그 이유는 무엇일까? 대부분 사람은 고객경험이 좋을수록 매출도 성장한다고 믿는다. 실제 연구 결과도 이를 입증한다. 그러나 이러한 성과를 과연 누가 이끌었다고 할 수 있을까? 마케팅팀은 광고캠페인과 브랜드 인지도 향상 덕분에 실적이 늘어났다고 할 것이고, 상품개발팀은 당연히 상품의 특정 기능이 고객만족도나 수익 증가에 영향을 미쳤다고 주장할 것이다. 한편 영업팀은 자신들이 매출을 올리는 데 필수적인 역할을 했다고 생각한다. 그렇다면 인사팀은 어떨까?

최고마케팅책임자와 최고고객책임자 등 조직 내에서 고객경험의 향상이 자기 업적인 양 떠드는 부서가 많다. 그러나 직원경험에 대해서는 그렇게 주장하는 부서가 거의 없다. 최고인사책임자에게 직원경험을 담당하느냐고 물어보면 그들의 대답은 대체로 일관적이었다. "일부만 그렇지요. 나머지는 다른 임원진이 책임지고 있습니다."

이제 지금까지 우리가 조사한 결과를 기반으로 전략적인 변화를 주려면 먼저 임원과 최고경영자가 그 맥락을 이해해야 할 것이다. 오늘날 직원경험의 상태가 어떤지 제대로 인식해야 하며, 특히 직원경험 중 구체적으로 어떤 측면이 고객만족과 매출 증가를 촉진하는지 이해해야 한다.

하나의 회사에서
두 개의 꿈을 꾸는 이유

그러나 경영진은 현재 직원경험의 상태를 인식하지 못한 채 마치 경영진의 회사와 직원의 회사가 다르기라도 한 듯이 동상이몽을 하고 있다. 이는 코로나 팬데믹이 발발하기 전에 경영자들이 맹신했던 한 신화에서 단적으로 알 수 있다. 그것은 회사가 잘나간다면 직원들이 불평할 이유가 없다는 것이다. 많은 조직이 매출 증가라는 과실이 직원을 더 행복하게 해주리라고 착각하지만 계속 실적으로 압박하다 보면 오히려 마찰이 생기고 직원은 지쳐 떨어져 나간다.

경쟁사를 무찌르고 시장을 지배하는 것이 이론적으로는 모두에게 좋다. 그러나 급여를 포함한 모든 혜택은 회사 전체와 직원들에게 고르게 분배되어야 한다. 시장 선도 기업이 막대한 수익을 올렸는데 CEO에게 일선 직원들보다 훨씬 많은 보상을 한다면 직원들은 곧 이를 알아차릴 것이다. 2021년에 S&P500 기업의 CEO는 평균 1830만 달러(약 245억 원)의 급여를 받았다. 이는 일반 근로자의 324배에 해당하는 수치다. 미국노동연맹·산업별조직회의(AFL-CIO, American Federation of Labor and Congress of Industrial Organizations)의 보고서에 따르면 2021년에 근로자의 실질임금이 4.7% 증가하는 동안 CEO의 실질임금은 18.2%나 증가했다고 한다.[5] 물류 창고와 직원의 작업 공간은 심하게 노후화되어 있는데 최고경영자의 사무실만 새로 호화롭게 단장했다면 그것은 문제가 있다.

직원의 노고를 인정하고 그에 맞는 보상을 하지 않고서 진정한 성공을 달성하기는 어렵다. 적어도 직원을 회사에 잡아두려면 그렇게 해서는 안 된다. 따라서 기업의 성장과 수익이 직원의 행복으로 연결된다는 구태의연한 사고방식은 버려야 한다. 최상의 결과를 얻으려면 투자에 직원과 경영진의 의견을 모두 적절히 반영해야 한다.

앞서 논의한 대로 일터라는 참호에서 벌어지는 실제 상황과 경영진이 아는 현실 사이에는 분명한 괴리가 있다. 게다가 상당수 경영진은 직원에 대한 자료가 있어도 이를 어떻게 사용해 변화를 주도해야 할지조차 모른다. 여기서 직원경험을 책임지는 사람이 없다는 것이 가장 분명하게 드러난다. 설문조사 자료를 분석해서 얻은 통찰을 실제 현실에서 활용할 책임자가 없다면, 애당초 설문조사는 왜 한 것인가?

| 도표 2.7 **현실 감각이 없는 경영진** |

주인의식, 만족도, 성장 기회를 두고 벌어진 직원과 경영진의 이러한 인식 차이는 직원이 더 나은 무언가를 찾아 일자리를 떠나게 한다. 이런 괴리를 피하려면 경영자의 생각과 직원의 경험이 불일치하는 현상이 어느 분야에 존재하는지 파악해야 한다.

특히 직원에게 권한을 부여해서 고객경험을 향상시키려 할 때는 더욱 그렇다.

경영관과 우선순위의 차이는 경영진과 직원 사이뿐만 아니라 경영진 사이에도 존재한다. 앞에서 언급했듯이 이미 어떤 경영자는 직원경험을 우선시해서 고객경험을 개선하고 성장을 도모해야 한다고 생각한다. 이런 경영자는 다른 경영자와 달리 직원경험을 개선하는 데 더 큰 초점을 맞추려 한다. 이들을 직원우선임원Employee Experience executive이라고 부르자. 반면에 성장을 유지하는 데 가장 중요한 방법은 고객경험에 초점을 맞추는 것이라고 믿는 고객우선임원Customer Experience executive도 있다. 그렇지만 이들도 직원경험 개선이 중요하다는 데는 동의한다. 단지 고객경험이 '더' 중요하다고 여길 뿐이다.

하지만 문제는, 이 두 집단이 고객경험과 직원경험을 개선하는 데 방해되는 요소를 달리 생각한다는 것이다. 경영진 사이의 의견 불일치는 특이하지도, 예상하지 못할 것도 아니지만 이러한 의견 차이는 일을 방해해 조직을 무력화하고 그 결과 미래의 성장에 나쁜 영향을 미칠 수 있다.

일례로 직원우선임원의 43%는 기업문화의 변화에 대한 직원들의 저항이 직원경험과 고객경험을 개선하는 데 가장 큰 장애물이라고 생각하지만 고객우선임원은 31%만이 그렇다고 대답했다. 반면에 고객우선임원의 41%는 최고경영진의 비전 부재를 가장 큰 장애물로 간주했지만 직원우선임원은 32%만이 그렇다고 응답했다.

이 두 집단은 장애물 말고도 고객경험과 직원경험을 가장 잘 개선하는 방법도 달리 생각했다. 특히 직원우선임원의 39% 이상은 변화를 위한 비전을 심어주는 것이 가장 좋은 방법이라고 주장하지만 고객우선임원은 32%만이 이에 동의한다. 반면에 고객우선임원의 47%는 고객경험과 직원경험을 개선하는 데 가장 좋은 방법은 조직의 구조조정을 통해 고객경험와 직원경험이 모두 뛰어난 직원에 초점을 맞추는 것이라고 말하지만 직원우선임원은 40%만 그렇게 생각한다.

이런 의견 차에서도 알 수 있듯이 직원경험과 고객경험을 보다 체계적이고, 연결될 수 있도록 경영관을 개선하려면 먼저 경영진 내부의 밀접한 협조가 반드시 이루어져야 한다. 경영진 내부에서 고객경험 및 직원경험을 개선하는 가장 좋은 방법이 무엇인지, 그리고 그 방법을 실현하는 데 가장 큰 장애물은 무엇인지 합의를 이루지 못하면 실행 계획조차 수립할 수 없다. 절대 불가능하다. 또한 직원우선임원과 고객우선임원 간에는 향후 3년의 목표도 상이했는데 이는 일반인들의 예상과는 매우 차이가 났다.

- 직원우선임원의 81%는 고객경험이 가장 중요한 목표가 되거나 최상위 다섯 개의 목표 중 하나가 될 거라고 말한다. 이는 고객우선임원의 64%와 매우 큰 차이를 보인다.
- 고객우선임원에게는 우선순위가 반대로 되어 있다. 68%가 직원경험이 가장 중요한 목표이거나 최상위 다섯 개의 목표 중 하나로 선정될 것이라고 예상하는데, 이는 직원우선임원의 52%와 상당한 차이를 보인다.

그렇다. 여러분이 잘못 본 게 아니다. 직원우선임원은 고객경험이 가장 중요한 목표 또는 최상위 다섯 개 목표 중 하나가 될 거라고 하고 고객우선임원은 직원경험이 가장 중요한 목표 또는 최상위 목표 다섯 개 안에 들 거라고 말한다. 이는 고객우선임원과 직원우선임원 모두 두 가지 경험이 중요하다는 점에는 동의하지만 방해물을 극복하거나 경험을 개선하는 방법에 대해서는 합의할 수 없는 교착 상태에 이르렀다는 뜻이다.

따라서 기업이 직원과 고객 중 어느 쪽이 비즈니스에 더 중요한지 답을 내리고 발전하고자 고군분투하는 것은 당연한 일이다. 기업 활동의 우선순위를 정하는 것은 의사결정을 내리기 전에 선행되어야 하는 전제 조건이다. 우선순위를 정하지 못하면 기업의 여러 분야는 서로 완전히 다른 방향으로 나아가게 된다.

경영진과 마주 앉아 고객경험과 직원경험을 긴밀하게 연결해 성장을 추진하면 발생하는 이점에 대해 이야기할 때 나는 다음과 같은 일련의 질문으로 대화를 시작한다.

- 앞으로 3~5년 사이에 성장에 가장 큰 영향을 미칠 항목의 우선순위에 대해 합의했는가?

_____

_____

- 직원이 업무를 효과적으로 수행할 수 있도록 회사가 최고의 기술, 프로세스 및 문화를 제공한다고 느끼는가?

_____

_____

- 직원을 위한 기술이 혹시 고객을 위한 디지털전환 투자보다 뒤떨어지지 않는가?

_____

_____

- 직원경험 개선 전략과 고객경험 개선 전략 간의 갈등과 격차는 어떻게 해결할 것인가? 그러한 차이점을 해결할 만한 계획이 있는가?

_____

_____

_____

- 고객경험과 직원경험 사이의 지렛점을 알고 있는가? 그것들을 어떻게 활용하는가?

_____

_____

_____

- 회사는 변화를 이끌고자 직원에 대한 자료를 어떻게 활용하는가?

_____

_____

_____

- 우수한 고객경험과 직원경험이 무엇인지 명확히 정의하고 있는가?

  _____

  _____

  _____

- 고객경험과 직원경험을 측정하고자 어떤 지표를 사용하는가? 목표를
  설정하고 달성 여부를 확인할 담당 중역이나 교차기능팀이 있는가?

  _____

  _____

  _____

이러한 질문에 답을 구한 것까지는 아니더라도, 자문조차 하지 않았다면
그 회사는 반드시 어려워질 것이고 직원뿐 아니라 고객도 현재보다 더 불
만족하게 될 것이다. 그나마 다행이라면, 어떤 회사가 이런 어려움을 겪는
상황에 부닥치는 것이 그리 특별한 일은 아니라는 점이다.

직원경험은
인사 부서의 문제가 아니다

●

모든 것은
직원경험에서 시작된다.

- 데이비드 핸더슨David Henderson (취리히보험 최고인사책임자)[1]

전 세계적으로 매우 잘 알려진 기업인 에어비앤비Airbnb의 직원 경험에 대해 이야기를 듣는 데는 직원경험고문Employee Experience Advisor인 마크 레비Mark Levy만 한 사람이 없다. 2013년에 에어비앤비에 합류한 레비는 미국 대기업에서 최초로 직원경험책임자로 임명되며 많은 관심을 받았다. 레비가 내게 전한 말에 따르면 CEO인 브라이언 체스키Brian Chesky와 대화하다가 이 보직이 생겼다고 한다. 「문화를 망치지 마Don't F*^k Up the Culture」라는 제목으로 블로그 플랫폼 미디엄Medium에 글을 게시한 지[2] 며칠 후에 체스키는 6개월 이상 비어 있던 글로벌 인사 관리의 책임자를 맡을 후보자로 레비를 면접했다. 체스키는 "솔직히 인사가 뭔지 잘 모르겠지만 지금까지 들어온 이야기들이 썩 마음에 들지는 않는군요"라고 말했다고 한다.

인사관리 중역이 될 수도 있는 사람과 이런 식으로 이야기를 시작하다니 다소 기이한 접근법이었다. 체스키는 레비에게 물었다.

"인사 업무와 관련된 모든 사람을 한 집단으로 모을 방법이 있습니까? 그리고 기존 인사 모형을 완전히 뒤집어서 기업문화를 망치지 않고 기업이 성장하도록 직원들과 함께 일하는 다른 방법을 찾을 수 있습니까?"

레비는 흥미로운 발상이라고 생각했다. 그는 체스키가 기업 문화에 큰 관심이 있다는 것을 알고 있었기에 인사에 대해 좁게 이야기하기보다는 에어비앤비 전체 직원에 초점을 맞추기로 했다. 레비가 체스키에게 되물었다.

"직원 관리와 관련된 분야의 일을 누가 하고 있습니까? 혹시 그들이 회사의 여러 부서에 소속돼 있지는 않나요?"

실제로 에어비앤비도 다른 회사와 마찬가지로 그렇게 하고 있었다. 에어비앤비에서 인재 개발 및 채용과 관련된 업무를 수행하는 스물다섯 명의 직원은 조직 전반에 걸쳐 흩어져 있었다. 이를테면 기술직 채용에 대해서는 엔지니어링 부서에 보고해야 했지만 일반적인 인사 업무와 비기술직 채용은 법무팀에서 담당했다.

그런데 대화를 나누다가 레비는 회사 내부에 기업문화와 경험 개선에 큰 도움이 될 수 있는 독특한 조직이 하나 있다는 것을 알게 되었다. 바로 그라운드컨트롤Ground Control이라는 조직이었다. 이들은 직원들의 행사, 포상, 축하, 내부 의사소통을 통해 이 회사의 문화와 사명 및 가치관을 이끌었다. 이 조직의 목표는 단순했다. 그들에게 특별한 의미가 있는 이 회사를 계속 그대로 유지하고 싶다는 것이었다. 체스키가 그라운드컨트롤에 대해 설명하는 것을 듣고 레비는 문득 아이디어가 떠올랐다.

"고객경험팀은 있는데 직원경험팀도 만들면 안 될까요?"

이 제안에 체스키가 동의했고, 그들은 함께 팀을 구성하기로 했다. 이것이 에어비앤비의 직원경험이 큰 변화를 맞이하는 여정의 시작이었다. 레비는 그 책임자가 되었다. 그는 "회사의 변화를 주도하고자 '진정한 의미에서 직원경험의 범위를 바꾸는 것'이 우리가 거친 결정적인 단계였습니다. 전통적인 인사 기능은 여전히 갖추고 있되, 이제는 그라운드컨트롤에서 하던 일도 직원경험팀의 업무에 포함했지요"라고 말했다.

고객을 위하듯이
'직원을 위해' 일하라

또 다른 전환점이 찾아왔다. 직원경험을 강조하다 보니 작업 방식이 크게 변화한 것이다. 레비는 직원들에게 무슨 일을 '해주는' 것이 아니라 '그들과 함께' 그리고 '그들을 위해' 일하기 시작하면서 직원들이 목표를 이루고 업무를 수행하는 데 얼마나 도움이 되는지를 기준으로 우선순위를 다시 정했다. 그러자 집주인와 고객, 지역사회를 더 긴밀하게 연결해 주는 프로그램, 프로세스, 시스템과 도구를 설계할 수 있게 되었다. 결과적으로 직원들의 주인의식과 생산성도 높아졌다. 레비는 이 과정을 다음과 같이 설명한다.

"처음에는 흩어져 있는 직원을 모아서 시작했지요. 네 명의 직원이 모든 일을 하다가 점차 채용, 보상, 다양성 등과 같은 세부 영역의 팀을 구성하게 되었습니다. 그러면서 우리는 직원들이 만족할 만한 경력을 쌓는 여정을 걸어가게 하려면 각 팀의 기능 그리고 팀 간의 협력에 매우 신중해야 한다는 것을 깨달았습니다. 이 모두가 연결되어 있지 않으면 경험은 불완전해지고 맙니다. 결국 우리의 궁극적인 목표는, 직원들이 회사의 문화를 민주적으로 실천할 수 있도록 힘을 실어주는 구조를 만드는 것이었습니다."

에어비앤비는 새로운 직원을 채용할 때도 이들이 정의한 가
치관이 지속될 수 있도록 심혈을 기울였다. 그중 모든 입사 지원
자가 거치는 '핵심 가치 면접 과정'이란 절차가 있다. 이 인터뷰
는 채용팀과는 상관없는 외부 인사들이 진행하기에 직원 선발
에 편견을 배제할 수 있다고 레비는 설명한다. 에어비앤비는 지
원자가 자사에 입사하려는 이유가 합당한지, 지원자에게서 자
사의 가치관을 더욱 발전시킬 것이라는 신호를 찾을 수 있는지
를 판단할 수 있도록 면접관들을 훈련했다.

이어서 레비는 조직 내 경력자로 구성한 핵심가치위원회^{Core}
^{Values Council}를 만들었다. 레비의 설명에 따르면 이들은 CEO와
경영진이 마케팅 활동부터 제휴사 선택, 조직 개편, 기업 인수에
이르기까지 다양한 주요 결정을 내릴 때 고문 역할을 담당했다.
다시 한번 직원에게 권한을 부여한 것이다.

체스키와 레비는 직원들이 사용하는 기술, 프로세스, 도구의
개선이 직무만족도에 엄청난 영향을 미친다는 것을 알았으므로
IT가 직원경험에서 수행하는 역할을 재정의했다. 2013년 에어
비앤비는 새로운 IT 중역을 고용했는데 레비는 그에게 집주인
과 고객을 위해 평소 하는 것만큼 직원들을 위해서도 '마찰 없
이' 일해달라고 부탁했다.

레비와 새로운 IT 중역은 함께 애플스토어를 방문해 지니어스바^{Genius Bar}(애플스토어 안에서 제공하는 기술지원서비스-옮긴이)를 살펴보았다. 애플이 리츠칼턴으로부터 배운 것처럼 에어비앤비도 애플로부터 배우려고 했다. 리츠칼턴에서 고객의 문제 해결에 사전 보고 없이 최대 2000달러(약 270만 원)까지 지출할 수 있듯이, 애플스토어 직원도 고객을 돕는 문제라면 특별 승인을 요청하지 않아도 되었다. 이러한 자율성은 권한 부여로 이어지고 그 권한은 더 나은 직원경험을 유도한다. 세심하고 배려심 있는 직원에게서 신속하고 원활한 서비스를 받게 되니 고객경험도 덩달아 개선된다.

레비는 애플스토어에 착안해 에어비앤비의 각 사무실에 자체적으로 '지니어스바'를 설치했다. 애플스토어의 서비스 창구에 고장 난 제품을 가져가면 직원이 맞이하며 원활한 고객경험을 제공하듯이 에어비앤비의 직원들도 수리가 필요한 기기가 있을 때 IT 부서로부터 빠르고 편리한 서비스를 받을 수 있게 한 것이다. 사무실 직원들은 IT 지원 요청을 두려워하는 경우가 많다. 전화나 이메일로 문의하거나 지원 신청서를 제출하고 여러 번 왔다 갔다 하면서 처리해야 하는 경우도 부지기수다. 그러나 지니어스바를 설치하면 직원들은 IT 부서에 더 자율적이고 편리하게 접근할 수 있게 되고, IT 부서의 직원도 실시간으로 도움을 주며 더 원활한 경험을 제공할 수 있다. 레비는 여기서 한 걸음 더 나아가 그곳의 환경 역시 매력적으로 조성해서 직원들이 문제가 해결되기를 기다리는 동안 커피 한잔을 마시며 편안한 느낌을 받을 수 있어야 한다고 강조했다.

직원경험은
조직 전체의 문제다

직원경험의 위상을 고객경험과 동일하게 맞추었다면 마지막 과제는 이 둘을 연결하는 것이었다. 레비는 이렇게 설명했다.

"우리는 직원들에게 여행비로 연간 2000달러(약 270만 원)를 제공해 직원들이 집주인과 고객을 만나도록 했습니다. 우리는 심지어 직원들이 숙박하는 동안 집주인에게 줄 특별한 감사 선물도 만들었습니다. 직원들에게 집주인과 마주 앉아 에어비앤비에 가입해서 일하는 경험에 대해 의견을 듣고, 돌아올 때는 새로운 생각이나 아이디어를 가져오도록 요청했습니다."

레비는 고객 환대hospitality를 담당하던 동료 칩 콘리Chip Conley와도 긴밀하게 협력했다. 레비의 팀이 전 직원이 참여하는 '원 에어비앤비One Airbnb'라는 행사를 성공적으로 마치자 콘리는 전 세계의 집주인을 초대하는 '에어비앤비 오픈^Airbnb Open' 행사를 개최해야겠다고 생각했다. 두 사람은 협조해서 이 행사를 준비했는데 가능한 한 많은 직원을 참여시켜 '호스트를 환대^host the host' 하는 것이 중요한 요소였다. 레비와 콘리는 회의, 경험, 자원봉사를 통해 직원, 호스트·고객, 지역사회가 서로를 이해하고 어우러질 수 있도록 협력했다.

레비는 미소를 지으며 "2020년 12월에 회사가 상장했을 때 우리가 목표를 달성했다는 것을 깨달았습니다"라고 회상했다. 에어비앤비 오픈은 코로나바이러스감염증이 한창이던 시기에 열려서 전통적인 타종 행사는 인터넷으로만 중계되었다. 에어비앤비는 이 행사를 기념해 부탄에서 사모아, 아이슬란드에 이르기까지 전 세계 400만 명 이상의 호스트 중 일부가 동시에 초인종을 울리는 광고를 제작했다. 집주인으로 구성된 국제사회가 뭉쳐 거대한 에어비앤비 가족으로서 회사의 성공을 축하했다. 레비는 그때 단지 에어비앤비 직원과 고객의 경험을 개선한 데서 그친 게 아니라 그 경험을 '공유하고' 있다는 것을 깨달았다고 회상했다.

레비에 따르면, 이 모든 것은 체스키가 그들의 첫 만남에서 했던 말, 즉 기존의 인사 모형을 완전히 뒤집자고 한 발상에서 비롯되었다.

"그것은 사고방식의 전환이었습니다. 해결 방안은 단순히 인사가 문제가 아니라 전 조직에 걸쳐 있다고 보는 것입니다. 직원경험 프로세스를 건드리는 사람은, 우리가 고객을 대하는 것과 같은 방식으로 직원을 대해야 한다는 것을 알아야 했습니다. 즉, 직원들에게 봉사하고 있다는 것을 깨달아야 한다는 말입니다."

코로나 팬데믹과 대퇴사 현상은 직원경험이란 주제가 이제 인사 부서에만 해당하는 문제가 아니란 사실을 분명하게 했다. 과거였다면 참을 수 있었을 일도 직원들이 더는 허용하지 않는다. 바야흐로 모든 조직이 새로운 경영관, 즉 경험중심적 사고방식을 중심으로 변화해야 할 시점이다. 기업이 경험중심적 사고방식을 채택하려면 기업문화의 진정한 전환이 필요하다. 더 나아가 경험중심적 사고방식이 체계적이고 전략적인 표준 운영 철학이 되어야 한다. 경험이라는 관점을 전략적 의사결정에 적용하면 직원과 고객이 통합된 체제로 고부가가치를 창출할 수 있을 것이며, 이는 결국 조직 전체에 전파될 것이다.

경험중심적 사고방식은 이사회부터 시작해 말단 직원까지, 회사 전체에 걸쳐 고객경험과 직원경험을 반영하도록 해서 이 둘이 서로 다른 영역을 탈피해 하나의 완전체로 통합되는 것을 목표로 한다. 이 새로운 사고방식의 목표도 결국은 '고객에게 더 나은 서비스를 제공하는 것'이다. 그러려면 '내부고객'에서부터 시작해야 한다. 그렇다. 직원들 말이다.

'손님이 왕'이라는
낡은 격언에 속지 말 것

직원들은 꺼리는 새로운 서비스를 고객이 원하는 상황을 생각해 보자. 회사는 '고객 중심'이라는 미명하에 그 서비스를 도입해야 할까? 아니면 불만이 가장 많은 직원을 해고하고 그 자리를 진짜 자기 의견을 말할 가능성이 낮은 새로운 직원으로 채워야 할까? 경험중심적 사고방식을 적용하면 답은 분명하다. 둘 다 옳은 대응이 아니다.

이와 같은 상황에서 훨씬 더 나은 방법은 경영진이 직원의 반발을 대화의 시작점으로 삼아 새로운 서비스를 가장 반대하는 직원에게 직접 피드백을 구하는 것이다. 그렇게 하면 고객과 직원 모두의 만족도를 동시에 높일 해결책을 찾아낼 수 있다.

직원을 희생시키면서 고객이 원하는 것 또는 고객이 원한다고 생각하는 것을 기계적으로 제공하는 일은 금물이다. '고객은 항상 옳다'라는 해묵은 격언에 속지 말자.

직원에게는 단순히 신상품(혹은 서비스)의 특징이나 기능적인 측면뿐 아니라, 그것이 자신의 일상적인 업무에 미치는 영향이라는 측면에서도 피드백을 할 기회가 주어져야 한다. 그래야만 새로운 문제가 생겼을 때 직원은 자기 의견이 반영되었다고 느끼고 왜 그런 방식으로 무언가를 해야 하는지 이해하고 받아들여 이를 해결할 방법을 알게 될 것이다. 예를 들어 IT 부서가 고객과 실시간으로 상호작용을 할 수 있는 챗Chat 방식의 소통을 도입한다고 가정해 보자. 회사의 임원진은 고객이 챗을 원한다고 알고 있었으므로 이 소식을 듣고 기뻐한다. 그러나 예상하지 못한 문제가 있다. 챗이 급하게 출시되다 보니 기존 고객관계관리(CRM, Customer Relationship Management) 시스템과 호환되지 않았고, 도입 이유도 명확하지 않았다. 또한 사용법에 대해 직원들에게 의견을 구하지도 않았다.

사실 직원들에게 미리 물어보았다고 해도, CRM 시스템을 통해 신규 서비스에 쉽게 접근할 수 없다면 그들은 그 서비스의 도입에 반대했을 것이다. CRM 시스템과 호환되지 않는다면 직원의 업무를 더 복잡하게 할 뿐이니 말이다. 이런 상황에서 판매 직원들이 그 프로그램을 즉시 받아들일까? 아니면 사용하기를 주저할까? 더 이상적인 시나리오는 직원들에게 어떤 프로세스를 변경하면 좋을지, 어떻게 해야 새로운 프로그램을 사용할 수 있는지 그리고 그 프로그램과 CRM 시스템의 통합이 필요한지를 물어보는 것 아닐까?

답은 물론 '예스'다. 하지만 실제로는 판매 부서가 제공받은 새로운 도구를 사용하지 않으면 임원진은 왜 새 프로그램을 사용하지 않느냐고 물어보기 시작할 것이다. 그리고 보통은 프로그램을 사용하지 않는 직원들을 비난하지, 프로그램이 적절한지에 대해서는 아무 이야기도 하지 않는다.

장기적인 성장을 원한다면
두려움 없이 질문하라

만약 IT 부서가 고객이 판매 직원과 채팅할 수 있는 기능을 원한다는 사실을 공유하고, 직원들에게 최선의 적용 방법이 무엇일지 처음부터 물어봤다면 문제는 훨씬 적었을 것이다. 이를테면 CRM 시스템과 챗 프로그램의 통합, 현재 프로세스의 업데이트, 직원들을 대상으로 한 적절한 교육 등이 미리 이루어졌을 테니 말이다. 하지만 안타깝게도 프로그램의 개발 단계에서 직원들에게 업무 수행에 무엇이 필요한지, 현재의 시스템과 도구를 어떻게 사용하는지 의견을 청취하는 일은 거의 없다. 대신 프로그램 개발을 완료하고 나서야 이런 질문을 해서 모든 관련자에게 불필요한 부담과 기대를 강요한다.

혹은 반대의 상황도 생길 수 있다. 어떤 직원이 자기 업무의 특정 부분을 좋아하지만, 고객에게는 그것이 이제 더는 가치가 없을 수 있다. 그러면 직원을 만족시키고자 이 서비스를 계속 제공해야 할까? 아니면 고객에게 필요하지 않으므로 완전히 폐지해야 할까?

이때도 역시 직원의 의견을 먼저 들어보는 것이 좋다. 직원의 의사를 묻는 것만으로도 조직이 그들의 의견을 존중하며, 그들의 제안이나 불만을 진심으로 들어줄 의향이 있다는 사실을 보여줄 수 있다. 이러한 접근 방식은 조직과 직원 사이에 끈끈한 신뢰를 구축해 준다. 하지만 조직이 이런 식의 양방향 대화를 제공한다고 말하는 근로자는 고작 46%에 불과하다.

어떤 문제에 대한 해결책을 결정하기 전에 직원과 고객의 노력과 기대를 일치시키는 것을 최종 목표로 삼아야 한다. 좋건 나쁘건 어떤 결정이 직원에게 미치는 영향을 고려해야 한다. 세상사가 늘 그렇듯이 직원과 고객을 모두 만족시킬 수는 없겠지만, 최소한 공정한 수준의 균형을 맞출 수는 있다.

물론 이러한 접근 방식은 일반적으로 '기업은 고객을 우선시해야 한다'고 생각하는 일부 경영자에게는 약간 불편할 것이다. 그러나 이를 통해 기업은 수십 년 동안 모든 점에서 고객을 우선시하면서 발생하게 된 불균형을 바로잡을 수 있다. 직원들 역시 이러한 변화를 인식하면 조직에 감사하게 되고 결과적으로는 기업의 성장에 보탬이 될 것이다. 긍정적인 직원경험을 했다고 말하는 직원은 부정적인 경험을 한 동료에 비해 주인의식이 열여섯 배 더 높고, 장기근속 의사는 여덟 배 더 높다는 연구 결과가 이를 뒷받침한다.[3]

전환점은
이미 도래했다

수십억 달러 가치로 평가받는 어떤 서비스형소프트웨어(SaaS, Software as a Service) 기업의 최고인력책임자와 이야기를 나누다가 그 기업이 직원경험에 엄청난 관심을 기울였는데도 내부에 직원경험과 고객경험을 연결하는 구조가 없다는 것을 알게 되었다. 이 기업은 심지어 글라스도어에서 '최고의 직장 100곳' 중하나로 선정되기도 한 곳이었다. 좀 더 자세히 알고 싶어서 이회사에서 직원경험을 담당하는 사람이 누구인지 물어보았는데답은 충격적이었다.

　"직원 및 자원관리 측면에서 본다면 제가 담당자예요. 하지만 우리는 각 부서 사이에서 직원경험을 전반적으로 책임지는 조직이 없습니다."

또한 한 인공지공 클라우드 기업의 최고매출책임자(CRO, Chief Revenue Officer)는 "직원경험은 인사 부서 소관이라고 생각합니다. 그런데 직원의 주인의식 점수가 경영진의 핵심성과지표에서 빠져 있어서 직원경험이 발전하지 못했지요. 그 문제를 해결하고자 우리는 그러한 사고방식을 깨고 직원경험을 최우선 사항으로 격상하려고 노력하고 있습니다"라고 말했다.

많은 사람이 내게 이야기한 대로, 대외적으로 발표할 때는 직원경험이 우수하면 고객경험도 우수하다는 개념이 너무 당연한 것처럼 보인다. 세계 각국에서 온 임원진은 이 발상을 듣자마자 단박에 이해하며 이것이 자기 기업의 약점이라는 것을 인정하기도 한다. 그러나 몇몇 성공적인 기업의 임원진은 이러한 '파괴적인 전환disruptive shift'을 사업에 도입하지 않고도 이미 기업이 잘 성장하고 있다고 말한다. 하지만 그들도 더는 이런 식의 합리화를 계속할 수 없을 것이다. 코로나 팬데믹과 대퇴사 탓에 우리는 이미 전환점에 이르렀다. 기업이 과거의 어떤 결정 덕에 당장은 수익성을 높일 수 있다 하더라도, 직원경험과 고객경험을 계속해서 연결하지 않고서는 이를 지속할 수 없을 것이다.

경험중심적 사고방식의 핵심은 강력한 직원경험과 고객경험

사이의 지렛점을 최대한 활용해 더 높은 성장률을 달성하는 선순환의 원동력을 찾아내는 것이다. 에어비앤비, 카타르항공, 코스트코, 람보르기니, 힐튼호텔, 취리히보험, 치폴레멕시칸그릴 등 경험중심적 사고방식을 보여주는 기업이 고객경험에만 초점을 둔 해당 업계의 유사 기업보다 현저히 높은 성과를 거두는 것은 우연이 아니다. 이들은 고객경험과 직원경험이 밀접하게 얽혀 있기에 어느 하나를 개선하고 다른 하나는 약화하는 식의 처방이 성과에 전혀 도움이 되지 않는다는 사실을 이미 아는 것이다. 기업 외·내부에 있는 모든 이해관계자의 경험을 개선하려는 의사결정 방식을 채택할 때만 일관적이고 공격적으로 매출을 성장시킬 수 있다.

고객경험과 직원경험을 개선하는 데 가장 큰 조직적 장애물은 회사가 계속해서 어느 것이든 하나만 강조할 때 발생한다. 이러한 장애물을 피하려면 균형감을 유지하며 고려해야 할 네 가지 요소가 있다. 바로 직원, 프로세스, 기술 그리고 문화다. 통합적인 접근 방식으로 이 네 가지를 동일한 우선순위에 두면 직원경험과 고객경험의 수준을 비슷하게 유지할 뿐 아니라 두 가지 모두 개선할 수 있다.

스타벅스

하워드 슐츠가
3번이나 CEO를 맡게 된 이유

스타벅스는 오랫동안 강력한 고객경험과 직원경험의 대명사로 알려져 왔다. 스타벅스는 처음부터 고객을 염두에 두고 마련한 사업장이다. 고객이 에스프레소와 라테를 마시며 편안하게 소통할 장소를 제공하는 것이 그들의 목표였다. 1990년대 초 스타벅스는 집과 직장 사이 '제3의 공간'을 주창하며 고객이 '안락, 커뮤니티, 좋은 커피'를 찾을 수 있는 장소로 자리매김했다.

한편 스타벅스는 창립 초창기부터 혁신적인 직원 우선 정책을 시행해 왔다. 일례로 비정규직 직원의 건강보험, 다양성을 인정하는 근무 환경, 대학 장학금 지급, 유급 육아 휴가 등 복리후생을 입사 첫날부터 제공했다. 이러한 혜택 덕분에 스타벅스는 매우 순조롭게 성장했으며, 일하기 좋은 직장으로 인정받기도 했다. 스타벅스의 창립자 하워드 슐츠Howard Schultz는 이러한 인사 정책을 이타주의가 아니라 냉철한 비즈니스의 관점에서 개발했다고 설명한다.

"나는 무료 교육을 통해 이직률을 낮추고, 업무 성과를 올리며, 더 뛰어난 직원을 영입해서 유지할 수 있다고 믿습니다."[4]

슐츠는 2017년에 은퇴했지만[5] 2022년 4월 임시 CEO로 스타벅스에 복귀했다. 이는 슐츠의 세 번째 CEO 임기였다. 그는 1986년부터 CEO로 일하며 1992년 스타벅스를 상장시켜 2억 7100만 달러(약 3629억 원)의 기업 가치를 인정받았다. 2000년 CEO의 자리를 내려놓았지만 8년 후인 2008년에 복귀해 수년 간 부진을 겪은 스타벅스를 다시 이끌며 브랜드를 고객경험과 연결하려고 애썼다. 당시 슐츠는 이렇게 말했다.

"우리가 직면한 가장 심각한 도전은 우리 자신의 행동입니다. 고객과 맺은 관계 그리고 커피와 관련한 경험에 품었던 열정이 줄어들었습니다. 우리는 경험보다 효율성을 개선하는 데 시간을 할애했습니다."

2017년에 슐츠가 물러나기 전까지 스타벅스의 주가는 551% 성장했다.

그리고 마침내 세 번째로 CEO를 맡게 된 2022년, 당시 스타벅스는 직원을 고용하는 데 어려움을 겪는 데다 미국의 '파트너 partner', 즉 바리스타들이 본격적으로 노조 결성을 추진하고 있었다.[6] 슐츠는 복귀하고 나서 처음으로 한 전 직원 대상의 연설에서 미국 스타벅스의 직원 약 23만 명과 새로운 관계를 확립하는 것에 초점을 맞추겠다고 말했다.[7] 이는 직원경험으로 오랫동안 유명했던 스타벅스가 방향성을 잃었다는 것을 인정한 셈이었다. 슐츠가 회사를 성공적으로 고객경험에 집중시키고 떠난 지 불과 5년밖에 지나지 않았는데, 이번에는 회사가 '직원과 고객의 변화하는 행동, 요구, 기대에 제대로 대응하지 못하고 있다'는 점을 깨달은 것이다.[8]

잘못 설정된 KPI는
직원경험과 고객경험을 동시에 낮춘다

스타벅스는 직원경험과 고객경험에 다시 초점을 맞추어야 했다. 이전 몇 년 동안 회사와 직원의 관계는 내외부의 다양한 요인 때문에 변화를 겪었다. 회사는 정기적으로 직원의 서비스에 대한 고객만족도를 평가했고 결과가 안 좋을 때는 징계를 내리기도 했다. 그리고 코로나 사태가 터져 드라이브스루 판매가 주력이 되자 직원들은 주문을 처리하는 데 시간의 압박을 받았다.[9]

2020년 3월이 되자 코로나바이러스감염증의 대유행 탓에 소매 부문이 거의 다 무너졌다. 고객과 직접 마주하는 전 세계의 많은 직원은 안전을 유지하면서도 급여를 받으려고 고군분투했다. 스타벅스 직원과 바리스타에게는 특히 가혹한 근무 환경이었다. 드라이브스루 창구와 계산대로 들어오는 주문을 처리하는 것 외에도 모바일 주문이 '주체가 안 될 정도로' 밀려들어 왔고,[10] 이 모든 주문을 처리할 만큼 인원이 넉넉지 않았기에 많은 직원은 녹초가 되었다.

게다가 직원들은 새로운 시스템과 보건 안전 절차에 대해 제대로 교육받지도 못한 채로 새로운 현실에 강제로 던져졌다. 특히 스타벅스는 전통적으로 '매장 안에서 고객과 눈높이를 맞추고 고객경험과 브랜드를 연결하는 능력'으로 직원을 평가했으므로 상황은 더욱 나빠졌다.

경제 전문지 《패스트컴퍼니》 기자가 스타벅스 직원들과 인터뷰한 내용에 따르면 회사의 오랜 정책 중에 한 명의 바리스타가 30분 안에 열 건의 고객 주문을 처리할 수 있어야 한다는 조항이 있었다.[11] 이는 결제를 받고, 음료를 준비하고, 음식을 조리해서 전달하는, 모든 과정을 포함한다. 일부 바리스타는 이런 기준이 시대에 뒤떨어졌다고 주장한다. 또한 모바일 주문에 집중하면서 실제 상황이 더 악화했다고 말한다. 소비자는 이제 유명한 틱톡 영상에 나온 것 같은 복잡한 주문을 하면서도 직원에게 따가운 눈총을 받지 않아도 되기 때문이다. 스타벅스 앱으로 주문하면 그만이니 말이다.

미국 스타벅스의 직원들은 코로나 팬데믹 발생 이전에도 이미 모바일 주문 때문에 밀려드는 요구 사항으로 힘들어했는데 이후 이러한 상황은 더욱 심해졌다. 그들의 의견은 경영진에게 전달되지 못했으며 본사와 현장 간에 명백한 단절이 존재했다. 스타벅스는 코로나 팬데믹이 시작되고 나서 "본사와 지역본부 그리고 바리스타 간의 접촉이 부족해지면서 회사와 직원 간 관계가 소원해졌으며,[12] 본사가 매장의 문제를 즉시 해결하는 능력도 저하되어 노동조합 결성 움직임을 재촉하는 원인이 되었다"라고 평가했다. 직원경험과 고객경험 사이에도 뚜렷한 불균형이 발생하고 있었다. 이러한 사태들이 발생하며 조합 결성과 관련한 소문이 퍼져나갔다. 또한 최고경영진 사이에서는 우선순위의 혼란이 발생했고, 임원진은 주가, 주주의 기대, 고객의 기대 그리고 직원의 요구 사항을 균형 있게 조율하는 데 어려움을 겪고 있었다.

직원과 조직은
한 배를 타고 나아간다

슐츠는 복귀하고 나서 첫 연설에서 수십억 달러에 이르는 자사주 매입을 중단했다고 밝혔으며 '회사의 당면한 초점은 주가가 아니라 매장, 고객과 직원'이라고 선언했다. 그리고 이렇게 덧붙였다.

"저 자신이 스타벅스의 주주이기는 하지만 모든 결정을 분기별 주가에 따라 내리지는 않습니다. 그런 시절은 갔습니다."[13]

스타벅스가 겪는 외부 압력과 관계없이 슐츠는 '파트너', 즉 직원의 가치를 이해하고 있었다. 직원이야말로 고객이 기대하는 회사의 높은 고객경험 기준을 충족하는 브랜드 홍보대사이기 때문이다.

이 책을 쓴 시점인 2022년 여름에 슐츠는 다섯 가지 대담한 조치로 이루어진 혁신 계획을 발표했다.[14] 그중에서도 이 책과 관련해 특히 중요한 두 가지 조치는 다음과 같다. 첫째, 파트너(직원)의 경험을 개선해 복지 수준을 전면적으로 다시 구성하는 것이다. 둘째, 기억에 남을 만한 개인적인 순간을 제공해서 고객과 브랜드를 다시 연결하는 것이다. 직원들이 이 계획에 동참할지는 아직 확실하지 않지만 여하튼 올바른 방향으로 나아가는 것처럼 보였다.

스타벅스는 무엇보다 임금, 설비, 교육 등에 2억 달러(약 2678억 원)를 투자하고 직원과 매장 내 고객경험을 개선하는 데 2022회계연도에 약 10억 달러(약 1조 3000억 원)를 집행하겠다고 발표했다. 2022년 6월에는 신입 바리스타의 교육 시간을 두 배로 늘리고, 8월에는 바로 위 단계인 시프트 슈퍼바이저^{shift supervisor}에게도 적용하겠다고 했다. 또한 직원들을 연결하는 직원용 앱을 출시하기로 했다. 가장 중요한 소식은 임금을 인상한다는 발표였다. 비록 정부 규정 때문에 노동조합을 결성한 약 50개의 회사 소유 매장에는 적용되지 않는다는 단서 조항이 있긴 하나, 정규직 직원의 임금 인상과 신입 직원의 교육 확대가 이루어질 것이었다. 그것은 좋은 일이었다.[15]

결과가 어떻게 나오든 슐츠의 목표는 한때 직원경험과 고객경험 사이를 연결했고 그것의 가치를 이해했던 기업문화를 회복하는 것이다. 슐츠는 이것이 시간이 걸리는 여정임을 충분히 이해하고 있다.

"우리의 혁신 작업은 진행 중이며 스타벅스의 사명과 잠재력을 믿는 모든 파트너가 앞으로 나아갈 길을 함께 건설하는 데 상당히 공헌할 수 있다고 생각합니다."[16]

계획의 성공 여부는 시간이 지나야만 밝혀질 것이다.

- 당신의 조직은 고객경험과 직원경험에 시간과 자금을 동등하게 투입하는가?

- 당신의 조직은 제품 중심적인 조직인가, 고객 중심적인 조직인가?

- 당신의 조직은 변화를 잘 받아들이나?

3장

최고의 조직은
직원에게 어떤 경험을
제공하는가?

[1단계 - 사람]

조직은 목적이 같은
'사람'의 모임이다

●

생산성에 초점을 맞추는 대신
목적에 집중하고, 공감 능력을 키우고,
직원에게 결정 권한을 부여하라.
- 아미트 수드Amit Sood(심리 회복 전문가)[1]

1960년대 초에 경영 전문가 해럴드 레빗Harold Leavitt은 모든 기업의 구성 요소에 대한 새로운 모형인 '다이아몬드 모형'을 창안했다.[2] 이 모형은 사람, 구조, 작업, 기술 등 네 가지 변수로 구성되어 있다. 레빗은 이러한 변수 중 하나 이상을 사용해 조직에 변화를 불러와야 한다고 주장했다. 그는 "때로는 이러한 변수 중 하나를 바꾸는 것을 목표로 할 수도 있고, 때로는 다른 하나 이상의 요소에 변화를 발생시키는 작동 기전으로 작용하는 것을 목표로 할 수도 있습니다"라고 말했다.[3] 이 논문이 출판되고 나서 레빗의 모형은 변형되어 구조와 작업을 결합한 '프로세스'

를 수립하게 되었다. 여기서 PPT가 탄생했다.

첫째, 사람People은 조직의 직원이며 일을 한다.
둘째, 프로세스Process는 반복 가능한 단계나 작업으로서 이를
거치면 비슷한 결과나 목표라도 더 효율적으로 달성할 수 있다.
셋째, 기술Technology은 사람들이 업무를 수행하는 데 도움을 주
어 효율성을 더욱 높인다.

나는 이 다차원적인 프레임워크에 네 번째 변수를 추가할 것
을 제안하고 싶다. 이는 날이 갈수록 더욱 중요해지는 요소인
'문화'다. 현재와 미래에 걸쳐 경쟁하고 성공을 꿈꾸는 기업은
PPTC, 즉 사람, 프로세스, 기술, 문화를 고려해야 한다.

넷째, 문화Culture는 신념과 행동으로서 직원과 경영진이 내부
적으로나 외부적으로 다른 이해관계자들과 상호작용을 하는 데
영향을 준다.

경험중심적 사고방식을 구축하는 데 가장 중요한 것이 고객
경험과 직원경험 사이의 균형과 의도였다는 사실을 기억하는
가? 여기에도 동일한 원칙이 적용된다. 조직의 효율성을 극대화

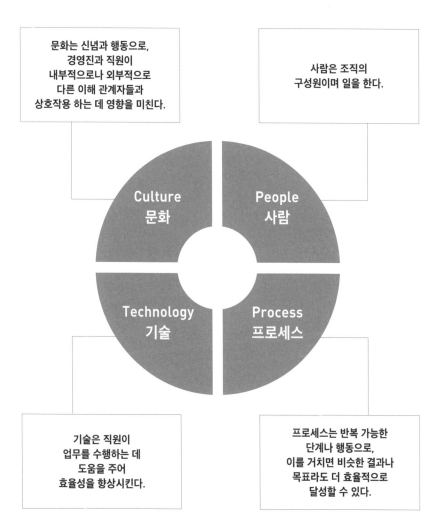

문화는 신념과 행동으로,
경영진과 직원이
내부적으로나 외부적으로
다른 이해 관계자들과
상호작용 하는 데 영향을 미친다.

사람은 조직의
구성원이며 일을 한다.

Culture
문화

People
사람

Technology
기술

Process
프로세스

기술은 직원이
업무를 수행하는 데
도움을 주어
효율성을 향상시킨다.

프로세스는 반복 가능한
단계나 행동으로,
이를 거치면 비슷한 결과나
목표라도 더 효율적으로
달성할 수 있다.

하려면 PPTC 각 영역에 기울이는 노력을 균형 있게 유지해야 할 뿐 아니라 지속적으로 요소 간의 관계를 의도적으로 최적화하고 진행 상황을 추적해야 한다.

예를 들어 회사의 기술이 변경되면 그 변화에 맞추어 사람이 적응하거나 프로세스를 수정해야 한다. 그런데 직원들이 그 변화를 잘 받아들이지 못한다면 먼저 기술과 프로세스부터 충분히 살펴보고 나서 직원능력개발employee development을 고려해야지, 사람이 문제라고 단정해서는 안 된다. 직원이 새로운 기술을 제대로 사용하는 방법을 몰라 업무를 원활하게 하지 못한다면 회사는 직원 만족과 고객 만족 양쪽에서 타격을 입게 될 것이다.

이와 마찬가지로 조직이 너무 많은 프로세스와 규칙을 세우면 관료주의가 직원의 생산성을 낮출 것이다. 결국 이 모든 것이 조직의 기업문화와 브랜드 평판에 나쁜 영향을 미치게 된다. 이처럼 PPTC라는 변수는 상호 연결되어 있어서 다른 변수를 고려하지 않고 한 가지에만 초점을 맞추면 최적의 성과를 얻을 수 없다. PPTC 각 영역을 탐구함으로써 조직은 경험중심적 사고방식을 균형 잡히고 체계적인 방식으로 기업 운영에 통합할 수 있을 것이다.

급여 인상은
만능 해결사가 아니다

너무도 많은 기업이 비용은 줄이고 생산성은 높이겠다며 능률화를 시도하지만, 기술과 프로세스에 과도하게 빠져 전반적인 직원경험 개선에는 아무런 노력도 기울이지 않는 실수를 저지른다. 하지만 계속해서 직원의 의견을 무시하고 노고를 인정해주지 않으면 직원은 불만을 품게 된다.

이는 직원경험을 나빠지게 하고 결국은 고객경험에까지도 부정적 영향을 미친다. 이러한 요소들이 합쳐져서 회사의 전반적인 성장을 약화하는 것이다. 회사는 고객의 경험을 이해하듯이 직원의 실제 경험을 이해해야 한다. 그들의 경험을 이해한 다음에야 그것을 개선하려고 노력할 수 있다. 상황이 나빠져서 직원이 그만두기 전에 말이다.

직원경험을 개선하려면 기억해야 할 사실이 하나 있다. 오늘날의 직장인은 단순히 급여만을 원하지 않는다는 것이다.《하버드비즈니스리뷰》에 따르면 25세부터 45세까지의 직장인 중 급여를 직장만족도에서 가장 중요한 요소라고 평가한 사람의 비율은 38.2%에 그쳤다.[4] 그럼에도 관리자들은 직원이 떠나는 이유가 임금 때문이라고 주장한다. 지속적인 인재 이탈을 단순히 보상 문제로 간주하는 것은 분명히 잘못된 판단이다.[5] 사실 회사를 떠나는 주요 원인으로 급여를 언급하는 직원의 수는 2018년 이후 23%나 감소했다.

급여와 복리후생만으로는 인재를 영입해서 유지하고 재능을 발휘하도록 할 수 없다.[6] 가령 근무 시간을 선택할 수 있는 직원은 일과 삶의 균형에 대해 세 배 이상 더 만족하며, 업무 때문에 받는 스트레스에 대해서는 거의 일곱 배나 더 잘 대처했다. 마찬가지로 근무지를 선택할 수 있는 직원은 일과 삶의 균형에 대해 두 배 이상 만족하고[7] 업무 관련 스트레스에 대해서도 두 배는 더 효과적으로 대응했다.

돈과 혜택은 순간적으로 사람을 기분 좋게 할 수 있지만 행복을 살 수는 없다. 장기적으로는 개인적인 문제가 더 중요하다. 도표 3.1에서 보이듯 직장을 선택할 때 직원 열 명 중 세 명만이 보상 또는 혜택(급여, 복리후생 등)을 최우선으로 고려하며[8] 고객과 직접 상호작용을 하는 직원 열 명 중 일곱 명은 다른 요소(일과 사생활의 균형, 경력개발, 고용안정성 등)를 우선시한다. 직원경험이 좋으면 회사가 직원에게 바라고 기대하는 것을 해결하는 데 크게 도움이 될 것이다.

고객과 좋은 관계를 맺는 일은 직원의 만족도와 행복에 중요한 역할을 한다. 미국 근로자의 세 명 중 두 명은 고객경험이 좋으면 직원경험 역시 좋아진다는 데 동의한다.[9] 따라서 좋은 고객경험은 회사뿐만 아니라 직원에게도 유리하며 이로써 더욱 가치 있는 순환 관계를 형성한다. 설문조사 결과 고객과 관계가 좋을 때 직원의 89%는 자신이 하는 일에 보람을 느끼고, 88%는 자기 일에 자부심을 느낀다고 답했다. 또한 88%의 응답자가 고객과 좋은 관계를 맺으면 자기 역할이 만족스럽게 느껴진다고 답했다.

| 도표 3.1 **직원을 움직이는 요소[10]** |

항목	미국	캐나다	영국 /아일랜드	호주 /뉴질랜드
일과 삶의 균형이 가장 중요하다	26%	34%	39%	29%
급여 외에 복리후생이 좋아야 한다	21%	17%	7%	8%
급여가 중요하기는 하지만 무엇보다 경력을 쌓는 데 도움이 되어야 한다	16%	15%	13%	18%
나의 도전 의식을 고취해 능력을 키우는 일이 좋다	13%	11%	13%	16%
고용안정성만 보장된다면 급여나 복리후생 혜택이 조금 부족해도 상관없다	11%	8%	10%	11%
뭐니 뭐니 해도 급여 수준이 높아야 한다	9%	10%	12%	15%
상사와의 인간관계가 제일 중요하다	5%	5%	12%	5%

생각해 보라. 평균적으로 사람은 일생 중 3분의 1에 해당하는 약 9만 시간을 직장에서 보낸다. 그것은 엄청난 시간으로 친구나 가족과 보내는 시간보다도 더 길다. 그런 측면에서 볼 때 직원경험은 개인에게 엄청난 영향을 미치는 문제다. 그러므로 직원을 위한 근무 환경이 정말 중요하다. 직원은 직장에 있을 때 행복한 (아니면 적어도 만족스러운) 상태로 있고 싶어 하고, 기업은 직원이 주인의식을 품고 근무하기를 바란다. 따라서 조직은 직원들이 가장 중요하게 여기는 요소를 먼저 찾아내고 그 우선순위를 감안해 경영에 적용함으로써 직원에게 헌신을 끌어내고 주인의식을 심어주어야 한다.

직원에게 헌신을 끌어내고 주인의식이 생기게 하려면 채용과 입사부터 시작해 직원의 경력개발까지도 투자가 이어져야 한다. 앞에서도 말했듯이 B4E는 의미 있는 활동을 직원 '대상으로' 하는 게 아니라 직원을 '위해서' 하는 것이다. 조직에서 가장 중요한 문제는 우수한 인력을 확보하는 것이므로 이는 경영진 전체에게 새로운 지침이 되어야 한다.

주인의식의 시작은
'잘 뽑고 잘 키우기'다

신입 사원의 채용과 입사 과정을 생각해 보자. 이 과정은 새로운 직원에게 회사에서 일하는 것이 어떤 경험인지를 즉시 느끼게 해준다. 채용 과정이 신속하고 효율적이면 채용 시장과 입사 지원자 사이에서 회사의 평판이 높아지게 된다. 그러면 기업이 최고의 인재를 원활하게 찾아내어 조직의 일원으로 편입시킬 수 있다.

그러나 원격근무 환경에서는 기업이 인재를 찾고 선발하고자 경쟁하는 과정에서 성급한 채용이 자주 발생하곤 한다. 이는 나중에 신입 직원에게 의도하지 않은 부정적인 영향을 줄 수 있다. 일부 입사 지원자는 이러한 빠른 채용 프로세스 때문에 생기는 변화를 긍정적이라고 받아들이기도 하지만, 과정을 서두르다 보면 의도하지 않은 실수가 발생하는 법이다. 회사는 자신의 근무 환경이나 기업문화, 가치관 등을 더 자세히 알릴 수 없게 되고, 채용 과정에 관여하는 직원 또한 적어진다. 자연히 신입 직원이 입사 초기 다른 직원과 관계를 형성할 기회도 사라지게 된다.

또한 간소화된 원격 채용 과정에서는 입사 지원자와 채용 담

| 도표 3.2 **채용 시 경험에 대한 설문조사 결과[11]** |

'채용 시 경험과 관련해 아래 항목에 어디까지 동의하는가?'라는 질문에
'그렇다'고 응답한 상위 항목 2개.

항목	B2B	B2C	소매업
회사의 목적과 가치관을 이해했다	47%	34%	35%
입사했을 때 회사가 나를 환영하며 내가 회사의 일원이 되었다는 느낌을 받았다	46%	33%	36%
회사가 나를 돌보며 지원한다는 느낌을 받았다	45%	28%	31%
일의 우선순위에 대해 상사에게서 명확한 지침을 받았다	40%	25%	32%
재직 기간 중 회사가 고객서비스/고객관리에 집중했다	36%	26%	33%
입사 전에 생각했던 일이 아니었다	31%	16%	20%
제대로 일하는 데 필요한 기술적 지원을 받지 못했다	25%	16%	19%

당자가 직접 얼굴을 보고 상호작용 할 기회가 없으므로 양측의
기대 사항과 우선 순위가 명확하게 공유되지 않을 수 있다. 개인
적인 유대감을 형성하기 어려운 것은 물론이다. 기대 사항이 일
치하지 않으면 입사 지원자들은 자신이 회사에 필요한 인재라
는 느낌을 받지 못할 수 있고, 회사 또한 목적과 가치관을 제대

로 전달하지 못할 가능성이 높다.

도표 3.2와 같은 자료를 통해 알 수 있는 것은, 적합한 인재를 찾고 채용하기가 어렵다고 이미 판명된 요즘 같은 시기에 기업이 제대로 대처하지 못하고 있다는 사실이다. 채용 및 입사 절차에서부터 문제가 생기면 직원이 회사와 최선의 관계를 맺기는 불가능하다.

보통 신입 사원은 인사팀이나 채용 담당자를 통해 기업과 처음 상호작용을 맺지만, 조직의 다른 부분들도 그 과정에서 나름의 역할을 한다. 자기 팀에서든, 다른 팀에서든 새로운 구성원을 채용한다면 그것을 자기 일처럼 생각해야 한다. 에어비앤비의 사례를 기억하는가? 에어비앤비의 '핵심 가치 면접 과정'은 직원들을 채용에 참여시키고 주인의식을 갖게 하는 방법의 좋은 예다.

불행하게도 해야 할 일을 알고 있다고 해서 항상 실제로 그 일을 하는 것은 아니다. 첫 번째 단계로 담당 분야가 상이한 임원 간에 관계를 수립하고 발전시켜서 채용과 입사 과정을 개선해야 한다. 이러한 관계는 회사 내부(직원과 기타 내부 이해관계자)와 회사 외부(고객과 기타 외부 이해관계자)에 모두 영향을 미친다.

사우스웨스트항공의 진저 하디지 또한 "모든 기업문화는 채용으로 시작합니다. 채용을 엄격하게 하면 관리가 용이해집니다"라고 말한 바 있다. 실제로 사우스웨스트는 신입 사원 채용이 신중하기로 유명하다. 하디지에 따르면 사우스웨스트는 매년 평균적으로 약 37만 건의 지원서를 받지만 그중 고용되는 사람은 약 6000명, 즉 지원자의 2%에 불과하다고 한다. 고용을 엄격하게 하면 관리가 쉬워질 뿐 아니라 직원이 이탈하는 것을 방지하는 데도 도움이 된다. 사우스웨스트항공 직원의 약 97%가 장기근속자라는 사실이 이를 증명해 준다. 신입 사원 선발 과정과 경력개발계획을 신중하게 설계하면 모두에게 더 좋은 결과를 가져다줄 수 있다.

직원은 지속적으로
성장할 수 있는 환경을 원한다

물론 채용 및 입사 과정으로 직원경험 개선이 끝나지는 않는다. 일단 고용되고 나서도 여러 분야의 임원진이 경력개발계획에 관심을 기울여야 한다. 연구 결과 경력개발과 성취는 조사 대상 분야 중에서 가장 낮은 직원경험 점수를 받았다. 도표 3.3을 보자. 이 표는 '그렇다'고 대답한 상위 두 개의 항목을 보여준다.

B2B 기업에서는 '우리 회사에는 내 경력 발전에 도움이 되는

'경력개발 경험과 관련해 아래 항목에 어디까지 동의하는가?'라는 질문에
'그렇다'고 응답한 항목 상위 2개.

항목	B2B	B2C	소매업
우리 회사에는 내 경력 발전에 도움이 되는 기술과 도구가 있다	40%	19%	25%
우리 회사는 나를 소중한 자원으로 생각하며 내가 발전할 수 있도록 신경 쓴다	37%	20%	27%
우리 회사는 자료에 기반해 나의 업무 성과를 제대로 알고 승진을 결정한다	37%	19%	23%
조직 내에서 내가 원해도 다른 보직으로 옮기기 어렵다	35%	21%	23%
우리 회사는 급여 결정이나 승진 심사 과정을 모든 직원에게 투명하게 공개한다	35%	22%	25%
직원의 경력개발은 우리 회사의 핵심/우선 가치다	33%	18%	23%

기술과 도구가 있다'라는 문항에 그렇다고 응답한 비율이 40%
로 가장 높았다. 한편 B2C 기업에서는 '우리 회사는 급여 결정
이나 승진 심사 과정을 모든 직원에게 투명하게 공개한다'라는
문항에 그렇다고 응답한 비율이 22%로 가장 높았으며, 소매업
계의 경우 '우리 회사는 나를 소중한 자원으로 생각하며 내가
발전할 수 있도록 신경 쓴다'는 항목에 응답자의 27%가 그렇다

고 대답해 비율이 가장 높았다. 유감스럽게도 B2C 기업은 모든 질문에서 "그렇다"라고 대답하는 비율이 가장 낮았다.

기업이 내부의 자원을 직원의 성장을 지원하고, 촉진하는 데 할당하면 직원은 회사가 자신을 조직의 성공에 매우 중요한 자원으로 인정하고 있다고 느낀다. 그런가 하면 자신이 직장에서 소중한 존재로 인정받지 못한다고 느끼면 76%의 직원은 다른 기회를 찾아간다.[12] 그럼에도 많은 기업이 경력개발 측면에서 개선이 필요한 실정이다.

더 흥미로운 사실은, 최고경영진의 52%는 자기 회사가 '미래를 준비하는 데 도움이 될 만한 교육이나 개발 도구가 많다'고 믿지만 정작 이에 동의하는 직원은 36%에 불과하다는 점이다. 이는 아직 개선할 여지가 상당히 많다는 뜻이다. 특히 비즈니스 전문 소셜미디어 플랫폼인 링크드인LinkedIn이 실시한 조사에서는 직원의 94%가 만일 회사가 직원 교육에 투자한다면 오래 근속할 의사가 있다고 응답했다.[13]

직원을 조직에 더욱 헌신하게 하려면 기업은 교육과 경력개발 말고도 부서 및 보직 간 이동을 통한 내부 승진 기회, 급여 외 상여금, 퇴사 예정자 관리 프로그램 등을 도입해야 한다. 내부 이동이 쉬운 기업의 근속기간은 평균 5.4년이지만 내부 승진이나 경력개발이 용이하지 않은 기업은 2.9년에 불과하다.

유감스럽게도 교육이나 경력개발의 중요성을 제대로 아는 학습 및 개발(L&D, Learning & Development) 담당 중역은 많지 않다. 46%의 L&D 중역은 직무향상교육이나 재교육을 2021년에 가장 중점을 두고 추진할 사항으로 설정하긴 했지만[14] 내부 이동과 직원들의 커리어 개발 계획 그리고 직원 근속에 기울이던 관심은 크게 감소했다. 회사는 최소한 직원능력개발에는 투자해서 직원이 떠나지 않도록 해야 한다. 인재에게 투자하는 일은 직원들이 주인의식을 품고 목표에 전념할 이유를 제공하며, 심지어 업무가 어려워져도 회사에 남을 동기가 된다.

경영진과 이런 이야기를 하다 보면 그렇게 투자했더니 직원들이 새로운 기술만 익히고 이직해 버려서 그 비용이 날아가더라는 의견이 많았다. 하지만 만약 교육과 개발에 투자하지 않는다고 해도 어차피 직원들이 떠날 위험은 항상 존재한다. 오히려 투자가 있어야만 주인의식을 가지고 헌신적으로 일하며, 조직을 떠나지 않는 직원이 생겨나는 것이다.

또 직원을 잘 대우하면 혹시 언젠가 떠나더라도 그들은 평생 그 회사 최고의 브랜드 홍보대사로 남을 것이다. 반면에 직원의 능력을 개발하는 데 투자하지 않는다면 직원이 회사에 남아 있더라도 기술은 진화하지 못하며 현재 직무가 요구하는 변화에도 대응할 수 없게 되어 팀과 고객 모두에게 고통을 안겨줄 것이다. 자기 자신에게 질문해 보라. 과연 어떤 것이 더 나쁜 결과 일까?

재미있는 이야기가 하나 있다. 최고재무책임자가 CEO에게 이렇게 물어봤다고 한다.

"직원능력개발에 투자했는데 직원이 다른 회사로 가버리면 어떻게 하지요?"

그러자 CEO는 이렇게 되물었다.

"직원에게 아무런 투자도 하지 않았는데 그 직원들이 그대로 남아 있다고 해서 회사에 무슨 좋은 일이 생기나요?"

조직을 연결해
직원경험을 개선시켜라

인사책임자는 보통 채용, 신입 사원 교육, 인재 관리 같은 직원 경험의 일부를 관리하지만 학습 및 개발과 같은 다른 측면에는 영향력이 제한적이며 기술 같은 나머지 측면은 전혀 파악하지 못한다. 만약 그들에게 회사의 고객경험 목표를 달성하는 데 역 할을 하느냐고 묻는다면 어떤 답을 들을 수 있을까? 다들 고객 경험이 매우 중요하다는 것을 알지만 목표 달성에 역할을 하고 있다고 대답한 사람은 거의 없다.

이제 기업의 또 다른 면을 살펴보자. 아무 최고마케팅책임자를 잡고 직원경험 개선을 책임지고 있느냐고 물어보면 과연 바로 "그렇습니다"라고 대답할까? 아니면 "내가 왜 책임져야 하지요?"라고 대꾸할까? 흥미롭게도 변화가 일어나고 있는 듯하다. 거의 절반(48%)의 마케팅책임자가 앞으로 2년 동안 전략적으로 직원경험 개선에 중점을 둘 것이라고 밝혔다.[15] 하지만 그들에게 고객경험에 책임이 있느냐고 물으면 "물론이지요"라고 답할 것이다. 이는 당연한 일이다.

이제 최고정보책임자에게 물어보자. 이들에게 직원경험 또는 고객경험에 책임이 있느냐고 물어보면 무엇이라고 대답할까? 직원경험과 고객경험에 영향을 미치는 기술을 제공하기는 하지만 전략을 수립하거나 이를 개선할 책임까지는 없다고 대답하는 경우가 많았다.

이것이 바로 경험중심적 사고방식이 국면 전환의 열쇠인 이유다. 최고마케팅책임자, 최고정보책임자, 최고인사책임자와 같은 다양한 책임자 간의 효과적인 협력은 직원들에게 능력을 부여하고 주인의식을 품게 해서 고용 초기부터 지속적으로 기업 브랜드를 강화하고 매출과 생산성을 높이게 하며, 궁극적으로 직원경험과 고객경험을 나란히 개선시킬 할 것이다.

기업이 강력한 직원경험와 고객경험 사이에 선순환을 활용하고 성장을 가속하려면 먼저 분야별 책임자 간의 목적 지향적인 협력 관계를 형성해야 한다. 직원경험과 고객경험을 개선하는 데 예산을 할당하고, 동일 지표를 사용할 수 있는지 시험하고, 여러 분야에 걸쳐 있는 팀을 구성하고, 위에서부터 시작하는 사람 중심의 기업 서사를 쌓아가야 한다.

여기서 나아가 인사 비용은 '일반관리비'의 일부일 따름이라는 인식에서 벗어나야 할 뿐더러 인사에서 사람, 직원 그리고 그들의 경험을 중요하게 생각하도록 주의하며 폭넓게 대화해야 한다. 미래의 인사책임자는 보다 크고 넓게 사고해야 하며 (특히 고객과 직접 상호작용을 하는 직무를 맡은 직원을 포함해) 모든 직원이 기업에 요구하고 원하는 바를 대변할 수 있어야 한다. 그들은 기술과 자료를 다루는 데 능숙해야 하며, 다양한 세대로 구성된 노동 인력을 이해하고, 유연한 근무 환경을 조성할 필요가 있다. 또한 모든 분야를 아울러 협력함으로써 직원경험 개선을 주도해야 한다.

모든 분야가 어렵다면 최소 인사, 마케팅, IT만이라도 회사 전반적인 수준에서 협력 관계를 맺어야 한다. 고위층뿐만이 아니라 실무자들도 말이다. 이것은 주도권이나 사업 영역 싸움이 아니라 회사와 고객을 위해 매일 분투하는 우리 모두의 일상적인 삶을 개선하는 일이다. 현재 기업들에서는 사내에서 마케팅과 IT가 인사보다 더 큰 영향력을 발휘한다. 앞에서도 말했지만 최고경영자 중에서 인사 부문이 회사의 포부와 미래의 목표를 설정하는 데 중요한 역할을 해야 한다고 대답한 비율은 51%에 불과하다.[16]

대조적으로 최고정보책임자는 1990년대 후반부터 경영전략 회의에 참석했으며 최고마케팅책임자는 경영이 고객 중심으로 변하고 나서부터 참석했다. 인사를 여기에 참여시키는 새로운 운영 방식이 작동하려면 CEO가 인사 부문을 일상적인 관리가 아니라 기업의 경쟁력을 키울 핵심적인 전략으로 인식해야 한다. 회사의 비전, 가치관 및 문화는 채용, 신입 사원 교육 및 경력개발을 시작으로 '직원을 통해' 실현하는 것이다. 그렇지 않으면 아무리 거창한 사명 선언문이라도 뻔한 이야기에 불과하다.

정기적으로 질문하고
신속하게 대응하라

사람들이 무엇을 원하고 요구하는지 이해하고 그에 맞는 프로세스와 기술 로드맵을 개발하려면 기본으로 돌아가야 한다. 직업만족도를 높이는 것은 훌륭한 목표지만 정기적으로 직원들에게 경험을 물어보지 않고서는 이를 달성할 수 없다. 하지만 그것은 문제 해결 방식의 일부에 불과하다. 누가 질문하는지, 얼마나 자주 질문하는지, 어떤 주제를 다루는지도 중요하다. 예를 들어 '무엇이든 물어보세요' 같은 원탁회의를 열어 최고경영자를 참여시키거나, 프로세스 개선 방안을 직접 최고경영진에게 전달할 수 있는 슬랙^{Slack} 단체 대화방을 설치하는 것은 직원과 경영자 간의 연결과 신뢰를 구축하는 데 도움이 될 수 있다.

토론토에 본사를 둔 캐나다 금융·대부업체인 클리어코^{Clearco}를 살펴보자. 회사의 공동 창업자이자 공동 회장인 미셸 로마노우^{Michele Romanow}와 직원의 목소리를 찾아 들어보는 일에 대해 직접 이야기를 나눌 기회가 있었다. 로마노우는 클리어코를 운영할 뿐 아니라 캐나다의 〈드래곤스 덴^{Dragons' Den}〉이라는 창업·투자 유치 오디션프로그램의 공동 진행자이며 두 개의 유니콘기업(기업가치가 20억 달러 이상인 신생기업)을 설립한 이력이 있다.

로마노우는 함께 진행한 웹세미나에서 클리어코가 초고속으로 성장할 때도 오랜 기간에 걸쳐 이룩한 기업가정신을 잃지 않도록 노력했다고 내게 말했다. 그런데도 회사가 예전에 도입한 일부 프로세스가 급속히 성장하는 비즈니스와 직원 규모에 부합하지 못한다는 것을 깨달았다.

로마노우는 개선할 여지가 있는 곳을 알고 싶으면서도 그 과정이 너무 복잡하지 않기를 바랐다. 그래서 그가 선택한 방법은 단순히 '우리가 하는 멍청한 짓The stupid sh*! we do'이라는 이름의 이메일 수신함을 만들어 모두가 자유롭게 의견을 게시하도록 하는 것이었다. 첫째, 업무 절차를 간소화하고, 둘째, 직원들이 직면하는 불만 사항 중 예방할 수 있는 것을 없애도록 하기 위함이었다. 예상한 대로 '의견은 끝없이 밀려들어 왔다.'

로마노우는 이를 통해 두 가지 중요한 결과를 얻었다고 말했다. 첫째, 경영진이 직원들에게 의견을 물어봄으로써 일상적인 업무와 전반적인 기업 활동을 개선하는 과정에 직원들을 참여하게 할 수 있었다. 둘째, 이메일 수신함을 통해 경영진은 직원들에게 효과적으로 피드백할 수 있었으며, 이 과정은 매우 신속하고 편리했다. 경영진이 실제로 직원들의 의견에 적극적으로 응답함으로써 경영진과 직원 간의 신뢰는 더욱 강화되었다. 이는 문제가 심각해지기 전에 피해야 할 프로세스 및 시스템 결함을 발견하고 해결할 수 있는 가치 있고 효과적인 방법이었다.

교훈은 명확했다. 상황이 아주 좋을 때도 제대로 된 질문을 함으로써 현 상태에 안주하지 않도록 해야 한다. 그 방법은 항상 복잡하거나 비용이 많이 들거나 시간이 오래 소요되는 것이 아니었다. 단순히 이메일 수신함을 만들고 의견을 구하면 되는 것이었다. 게다가 매우 성공적인 경영자라도 모든 답을 알 수는 없고 또 모른다고 해서 크게 문제가 되지도 않는다. 경영자가 직원들에게 생각, 우려 사항, 현안 등을 물어본다면 그들에게서 배울 수 있을 뿐더러 자신에게 직접 보고하지 않는 직원과도 마음을 열어 신뢰를 쌓을 수 있다. 또한 새로운 목소리를 들을 기회를 마련함으로써 조직 내에서 직원들과 의기투합할 수도 있다.

단지 직원들에게 근무 환경에 대해 '행복한지' 또는 '만족스러운지'를 묻는다고 해서 그들을 힘들게 하는 근본적인 문제를 알아낼 수는 없을 것이다. 직원에게 설문조사를 하고 피드백을 할 기회를 만들려면 기업은 IT, 인사, 마케팅, 고객지원 및 영업을 담당하는 직원을 모두 포함한 교차기능팀을 구성해야 한다. 이 팀은 피드백 프로세스를 책임지고 정기적으로 직원들과 소통하는 역할을 맡는다. 흔히 '경험자문위원회(EAB, Experience Advisory Board)'라고 부르는 이 팀은 직원과 고객의 피드백으로부터 얻은 자료를 활용해 알게 된 내용을 실천으로 옮기는 역할을 한다. 앞에서도 말했지만 경영진은 자료에서 알게 된 내용을 실질적인 변화로 끌어가는 것을 매우 힘들어하므로 EAB의 존재는 특히 중요하다.

현재 상황을 파악하는 데 적합한 질문을 던지고 자료 분석을 개선하면 직원경험과 고객경험을 지원하는 기술, 프로세스 및 조직 구조에 대한 전반적인 만족도를 평가할 수 있다. 자료를 종합적으로 분석하면 상품이나 서비스가 고객과 만나는 다양한 접점에서 무슨 일이 벌어지는지를 더욱 잘 알 수 있다. 그렇게 되면 자료 분석을 통해 '무엇이 일어났는가'를 넘어 '왜 일어났는가'까지 통찰해서 개선 기회를 발견할 수 있다.

베스트바이

망하기 직전의 회사가
5년 만에 기사회생한 비결

미국의 대형 유통업체 베스트바이는 2012년 심각한 재정난에 빠졌다. 매출과 이익이 감소했고 회사 주가가 폭락했으며 직원들은 주인의식이 없었다. 전문가들은 당연히 이 브랜드가 곧 망하겠다고 예상했다. 베스트바이가 사활을 걸고 찾은 구원투수는 소매업 경험이 전무한 위베르 졸리였다. 졸리는 내 팟캐스트에 나와 이렇게 말했다.

"아무도 그 회사 주식의 매수를 권장하지 않았습니다.[17] 모두가 '긴축하고, 긴축하고, 또 긴축하고, 점포를 폐쇄하고, 많은 사람을 해고해야 한다'고 말했습니다."

하지만 졸리는 그렇게 하는 대신 베스트바이의 회복을 위해 '전 직원의 참여'를 목표로 삼고[18] 직원들 간의 직접적인 협력을 장려해 기업의 실적을 개선하는 방법을 찾으려 했다.[19] 졸리는 완전히 새로운 사업 모형을 창출하거나 무작정 '긴축, 긴축, 긴축하기'에는 관심이 없었다. 그는 사람을 포함해 베스트바이가 이미 가지고 있는 자산을 활용함으로써 재무적 성과를 개선하려 했다.

졸리는 자기가 '최전선 직원front liners'이라고 부르는 직원들의 말을 듣고 사업을 개선하고 불필요한 비용을 절감하는 방법을 배웠다. 알고 보니 놀랍게도 답은 그들이 가지고 있었다. 졸리는 '수습 CEO'라는 이름표가 달린 파란색 셔츠와 카키색 바지를 입고 세인트클라우드의 한 매장에서 일주일을 근무하며 직원들의 의견을 들었다. 직원들은 다양한 해결책을 제시하며 일이 쉬워지게 도왔다.

구조조정과 급여 삭감은
지상 최후의 수단이다

"그 경험에서 배운 한 가지는 인력 축소는 마지막 수단이어야 한다는 것입니다. 경영자라면 먼저 매출을 늘리는 데 초점을 맞추어야 합니다. 그리고 비용에서는 급여 비용이 아닌 소위 '비급여 비용non salary expense'을 중점적으로 절약해야 합니다."

졸리는 내게 이렇게 말했다. 많은 기업에서는 비급여 비용이 전체 비용의 대다수를 차지한다. 졸리가 이끄는 베스트바이는 무려 20억 달러(약 2조 7000억 원)의 비용을 절감했지만 그중 70%는 비급여 비용이었다. 인원을 전혀 감축하지 않은 것은 아니었지만, 오직 명분이 있는 경우에만 신중하게 진행했다.[20]

"그 경험에서 몇 가지 교훈을 배웠습니다. 가장 중요한 것은 우리가 사람을 중심으로 회사를 복구했다는 사실입니다. 기업이라는 것은 결국 공동의 목표를 추구하고자 함께 일하는 개인이 모여서 이룬 조직 아니겠습니까? 경영자로서 우리는 때때로 '무엇'을 해야 할지에 너무 집중합니다. 하지만 계획을 공동으로 수립해서 실행하고 성과를 축하함으로써 그 원동력을 만들어내는 방법을 찾는 데는 '어떻게'가 매우 중요합니다."

졸리는 이렇게 덧붙였다. 2012년부터 2019년까지 그는 '리뉴 블루Renew Blue' 계획을 성공시키며 회사를 변화시켰다.[21] 이 덕분에 다섯 해 연속 매출이 성장했고, 고객만족도가 높아졌으며, 시장점유율이 상승했고, 이익률이 개선되었으며, 주주수익률이 263% 증가했다. 이는 직원경험을 중점에 두고 '혁신적인 지도자'를 유치해서 키우고 '특별한 성과'를 창출하고자 직원들에게 활력을 불어넣었기에 이룰 수 있었다.

회사가 직원이 원하는 것을 알아주면
직원은 고객이 원하는 것을 알아준다

졸리는 회사 직원들의 열정과 재능이 베스트바이의 성공적인 고객관리에서 핵심적인 역할을 한다는 사실을 알았다. 더 나은 고객관리를 위해 회사는 여러 방법으로 직원에게 투자했다. 우선 직원 교육을 강화하고 직원 복지를 확대해 유급 간병 휴가, 정신건강 상담, 비정규직 유급휴가, 육아 지원 등을 도입했다.

투자의 성과는 상당히 크게 나타났다. 주인의식 점수는 최고치를 기록했고 매장의 직원 이직률은 최저치에 도달했다. 직원들의 교육 시간은 연 수백만 시간에 달했다. 직원들은 신입 사원 교육, 제품지식 교육, 리더십 개발 교육 등을 포함한 과정을 직접 또는 온라인으로 수강했다. 2019년에 베스트바이는《트레이닝》잡지에서 선정하는 '최고의 교육 지원 기업 125곳 목록'에서 3위를 차지했으며,[22] 이렇게 해서 3년 연속 10위 안에 들었다. 이러한 긍정적인 추세는 졸리가 2019년 CEO직에서 물러난 이후에도 계속되었다.

베스트바이의 홈페이지에는 이런 글이 있다.

"직원의 업무 관련 지식은 업계 최고 수준이며[23] 고객만족도를 보여주는 순고객추천지수도 일관되게 상승해 왔습니다. 이는 우리 직원이 무엇을 하고 있는지, 어떻게 해야 하는지 안다는 뜻입니다. 우리는 직원들이 열정적으로 목적한 바를 이루어낸 덕분에 고객 여러분이 우리에게 원하는 바도 이룰 수 있었다는 것을 알고 있습니다. 베스트바이의 직원은 열정적이고, 업무에 정통하며, 자기 일에 주인의식을 품고 있습니다. 그리고 아직도 더 많은 것을 배우고 싶어 합니다."

- 현재 누가 직원경험을 책임지고 있고, 그 책임자는 어느 부서에 속해 있는가? 종합적인 기능으로서 직원경험을 책임지는 담당자가 없다면 어떤 부서(IT, 인사, 직원 지원, 재무, 학습 및 개발 등)가 직원경험을 관리하는 역할을 하는지 판단해야 한다.

_____

_____

_____

- 최근에 경영진이 실시간으로 고객과 함께 '중요한 순간'을 경험하려고 현장에서 시간을 보낸 적이 있는가?

_____

_____

_____

- 경험자문위원회가 구성되어 있는가?

_____

_____

_____

직원이 아닌
프로세스를 뜯어고쳐라

●

경영자의 역할은 더 잘하라고
직원을 닦달하는 것이 아니라
프로세스를 개선하는 것이다.

- W. 에드워즈 데밍 W. Edwards Deming (경영 컨설턴트)[1]

1980년대 초에 포드자동차는 어려움을 겪고 있었다. 1979년부터 1982년까지 회사는 수십억 달러의 손실을 보았고 매출도 감소하고 있었다. 포드자동차는 미국의 기술자이자 통계학자인 에드워즈 데밍을 컨설턴트로 고용해 회사의 성장 정체를 극복하고 제품의 품질을 높이려 했다. 하지만 데밍은 제품의 품질은 전혀 신경 쓰지 않았다. 대신 회사의 업무 '과정'을 평가해 포드자동차가 겪는 문제의 근본 원인을 찾으려 했다.

실태 조사를 하고 나서 데밍은 회사가 더 나은 자동차를 개발하려는 과정에서 겪는 문제의 85%는 경영진의 조치에서 기인

한다는 것을 알아냈다.[2] 그는 경영진에게 회사의 기업문화와 경영진의 지시가 직원의 성과 및 제품 품질에 가장 큰 영향을 미친다고 말했다.

제품 품질을 개선하려면 직원을 '고치는' 것이 아니라 그들을 지원하는 회사의 시스템과 프로세스를 개선해야 했다. 이러한 개선은 당시 포드의 최고경영자였던 도널드 피터슨^{Donald Petersen}을 비롯한 경영진의 최상위부터 시작했다. 데밍의 도움으로 포드는 되살아났고 불과 4년 만인 1986년에 '미국에서 가장 이윤이 많은 자동차 제조사'가 되었으며[3] 1920년 이후 처음으로 제너럴모터스^{General Motors}보다 더 나은 실적을 기록했다.[4]

프로세스란 반복 가능한 단계나 작업으로, 이를 거치면 비슷한 결과나 목표를 더 효율적으로 달성할 수 있다. 비록 기업이 적용하는 프로세스의 종류가 매우 많기는 하지만, 어떤 프로세스든지 PPTC의 다른 세 가지 요소에 깊은 영향을 미칠 수 있다.

비즈니스 환경에서 프로세스는 다음과 같은 질문에 대한 해답이다. 어떻게 하면 우리가 원하는 결과를 달성할 수 있을까? 어떻게 사람과 기술을 활용해 반복 가능하고 일관성 있는 방식으로 수익을 극대화할 수 있을까? 프로세스의 목표는 수행하는 사람에 관계없이 항상 동일한 결과를 일관되게 얻어내는 것이다. 정해진 프로세스를 따라가면 조직은 생산성과 수익성이 증가하고 적은 노력으로 원하는 결과를 일관되게 그리고 반복적으로 얻을 수 있다고 생각한다. 그것이 기본 개념이다.

동시에 세심한 주의를 기울이지 않으면 프로세스는 복잡해지고 관료주의화할 수 있다. 프로세스가 붕괴하고 그 때문에 시간이 효율적으로 쓰이지 못하면 작업 속도, 제품 품질 및 직원만족도가 저하된다. 쓸데없거나, 갈등을 일으키고, 전혀 작동하지 않는 프로세스는 직원경험 및 고객경험을 개선하는 능력을 떨어뜨린다. 따라서 모든 프로세스는 필요할 때마다 바로 바꿀 수 있어야 한다.

프로세스는 어떻게
일을 더 꼬이게 하는가?

포드자동차의 사례에서 볼 수 있듯, 기업의 장기적인 생존에 가장 큰 위협은 경쟁업체나 불황이 아니라 조직 내부의 복지부동, 복잡성 그리고 관료주의다. 도표 3.4에서 보듯 경영진은 '너무 많고 중복적인 프로세스'를 회사 성장을 저해하는 가장 큰 문제로 보고 있다.

연구에 따르면 기업이 프로세스에서 불필요한 단계를 제거하면 직원들에게 동기가 부여되어 뛰어난 고객경험을 제공할 확률이 20% 높아지며[5] 주인의식을 품고 직장생활을 할 확률은 56% 높아진다고 한다. 이는 구태의연하고 복잡한 프로세스가 직원경험을 나빠지게 하고 그 결과 고객경험에도 영향을 미친다는 연결 관계를 더욱 확실히 드러낸다.

| 도표 3.4 **경영진이 생각하는 매출 성장의 저해 요소[6]** |

1위	직원들의 성장 및 발전 기회 부족
	너무 많고 중복적인 프로세스
2위	자료 및 기술 시스템의 통합 부족
3위	부서 이기주의에서 기인한 협업 부족
4위	높은 이직률
5위	제품 및 서비스 혁신 미흡
6위	낙후한 기술
7위	인재 부족
8위	형편없는 리더십 / 불투명한 비전

직원도 마찬가지다. 도표 3.5에 나와 있는 대로 직원 역시 '너무 많고 중복된 프로세스'를 회사 성장을 방해하는 세 번째로 큰 요인으로 꼽았다. IT 기업인 사마나지Samanage의 직장 환경 조

사에 따르면 매주 근무시간 중 하루는 자동화해도 좋을 반복적인 업무나 서비스에 쓰이고 이는 연간 520시간에 달한다고 한다.[7] 이 시간을 모으면 엄청나다. 미국 기업은 반복적인 업무로 연간 최대 1조 8000억 달러(약 2411조 원)를 낭비한다고 추정된다.[8] 자주 쓰이는 '시간이 돈이다'라는 속담은 정말 맞는 말이다.

나쁜 프로세스는 주위에 널려 있고 비용도 많이 잡아먹는데, 중복적인 프로세스는 여러 원인 중 하나에 불과하다. 잠깐만 둘러봐도 나쁜 프로세스의 징후는 쉽게 알 수 있다. 예컨대 불만과 좌절을 느끼는 직원들, 업무 정의가 미흡해서 발생하는 빈번한 수정, 고립된 부서 간 비방 및 책임 전가, 불필요한 작업에 낭비되는 에너지와 시간 및 노력, 오랜 대기 시간에서 기인하는 고객 불만 등이다.

나쁜 프로세스가 미치는 영향을 무시하기로 마음먹는다면(그것 역시 하나의 선택이다) 기업은 애석하게도 매출 기회를 놓치게 될 것이며 직원은 불만족스러워하고 고객은 분노하는 사태가 벌어진다. 매년 기업은 비효율성 때문에 20%에서 30%에 이르는 매출 손실을 입는다.[9] 심지어 매출이 발생하는 데 가장 기본적인 구매 프로세스 또한 망가져 있는 경우도 많다. 일례로 B2B 구매자의 77%는 가장 최근에 산 물건의 구매 과정이 매우 복잡했으며 어려웠다고 말한다.[10]

| 도표 3.5 **직원들이 생각하는 매출 성장의 저해 요소**[11] |

항목	평균	미국	캐나다	영국/아일랜드	호주/뉴질랜드
높은 이직률로 인재 유치 곤란	32%	31%	31%	32%	31%
낙후한 기술	25%	24%	27%	28%	22%
형편없는 리더십/불투명한 비전	24%	24%	24%	27%	22%
너무나 많고 중복적인 프로세스	24%	26%	23%	21%	20%
자료 및 기술 시스템의 통합 부족	22%	23%	18%	22%	25%
부서 이기주의에서 기인한 협업 부족	21%	19%	19%	22%	27%
직원들의 성장 및 발전 기회 부족	21%	21%	23%	17%	23%
인재 부족	17%	18%	21%	12%	14%
제품 및 서비스 혁신 미흡	12%	11%	9%	15%	13%

이상적인 기술 전환은
직원과 고객 모두 만족시킨다

물론 올바른 유형의 새로운 기술을 전략적으로 배치해서 프로세스를 간소화하면 기업은 직원경험을 큰 폭으로 개선하고 결과적으로는 고객경험도 개선할 수 있다. 2021년에 수백 명의 최고경영진과 기술책임자를 대상으로 한 맥킨지컨설팅의 조사에 따르면 지난 2년간 기술 전환의 34%가 직원경험 개선에 상당한 영향을 미쳤다고 한다.

| 도표 3.6 과거 2년간 기술 전환에 따른 영향[12] |

표본 대부분은 회사의 기술 전환이 상당한 변화를 불러왔다고 응답한다.

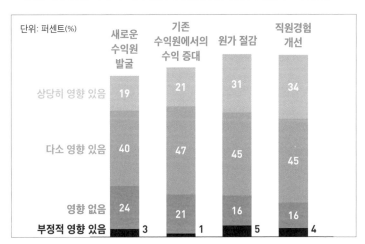

사실 기술 전환은 비용 절감이나 새로운 수익원 발굴, 기존 수익원에서의 수익 증대와 같은 다른 범주와 비교했을 때 직원경험에 가장 큰 영향을 미쳤다.[13] 직원경험을 기술 전환 지표 중하나로 간주했다는 면에서 이는 매우 고무적인 추세라 할 수 있다. 특히 과거에 기술 전환이 주로 고객경험을 개선하거나 원가를 절감하는 데 집중했던 것과 비교하면 더욱 그렇다.

그러나 오해해서는 안 된다. 효과적인 기술 전환은 기업과 직원 그리고 고객에게 발생하는 이점과 문제점을 여러모로 고려한 탄탄한 전략의 결과다. 예를 들어 미국 소비자의 80%는 긍정적인 고객경험의 가장 중요한 요소로 속도, 편의성, 전문적인 도움 그리고 친절한 서비스를 꼽는다.[14] 만약 기술 전환 전략이 이러한 고객경험을 개선하려 한다면 프로세스를 간단하게 만들어 빠르고 친절한 서비스의 제공을 방해하지 않도록 해야 한다.

하지만 사용할 수 있는 시스템과 도구가 급증함에 따라 '프로세스 위생Process Hygiene', 특히 직원경험과 관련한 프로세스 위생이 열악해서 문제가 드러났다. 시스템이나 도구를 만들 때 원칙이 철저하지 않아서 때로는 프로세스가 고장 나거나 중복되기도 하며 심지어 아무런 프로세스가 없는 경우도 있었다.

기술 전환 프로젝트를 추진할 때도 조직의 다른 부분에 미치는 영향은 전혀 고려하지 않고 막무가내식으로 일정에 맞춰 빠른 속도로 완료하라는 압력을 받기도 한다. 이상적인 접근 방식은 기술 전환이 기존 시스템과 프로세스에 어떤 영향을 미칠지를 충분히 이해하고 그에 따라 일정을 조정하는 것이다. 후자의 전략을 선택하면 직원과 고객의 불만을 완화할 가능성이 높아진다. 직원들이 분산된 시스템과 프로세스를 탐색하는 데 끝없이 시간을 낭비하는 대신 실제 업무에만 집중할 수 있는 시간을 제공하면 직원의 주인의식이 높아지고 결과적으로 고객경험도 좋아진다.

그렇다면 우수한 기술을 활용해 이상적인 프로세스를 도입한다면 모든 게 해결될까? 그렇지 않다. 디지털전환에는 인간적 요소가 꼭 있어야 한다. 2019년에는 기업의 3분의 2가 경쟁력을 유지하려면 2020년까지 디지털화가 필요하다고 생각했다.[15] 말로만 그런 것이 아니고 놀랍게도 1조 3000억 달러라는 금액이 디지털전환에 투자되었다.[16] 그러나 안타깝게도 대부분은 낭비였다. 조사에 따르면 투자액의 70%에 해당하는 9000억 달러(약 1206조 원)가 목표를 달성하지 못한 프로젝트에 쓰였다고 한다.[17] 어떻게 이런 일이 일어났을까? 《하버드비즈니스리뷰》에 따르면 회사의 모든 직원에게 '변화하겠다는 올바른 마음가짐이 부족하고 현재 조직의 관행에도 결함이 있을 때는 디지털전환을 해봤자 단지 그 결함이 더 커질 따름이다'라고 한다.[18]

기술 전환이나 디지털전환을 회사 내부의 기술 시스템을 현대화하거나 혁신하는 방법이라고 말하는 기업이 많다. 일부 기업은 전사적으로 디지털 우선적인 사고방식을 채택하기도 했다. 그러면서 정작 직원의 디지털 적응력을 키워주고자 프로세스를 조정하거나 적절한 교육을 제공한 기업은 거의 없었다. 그러나 직원들이 효과적으로 일하려면 회사가 제공한 도구에 대한 적절한 교육이 반드시 필요하다.

디지털전환은 두 단계로 이루어진다. 디지털이 기술과 시스템에 기반하는 측면이라면 전환은 사람과 프로세스에 기반하는 측면이다. 이들은 서로 깊이 관련되어 있으며 두 단계가 동시에 진행되어야 한다. 그렇지 않으면 기업에 미치는 영향이 감소하고 직원들이 새로운 디지털 도구를 방치하게 되므로 기존의 복잡성과 관료주의가 일상적인 프로세스에 다시 나타난다. 결과적으로 디지털전환이 성공할 가능성도 줄어든다.

이런 식으로 후퇴하지 않으려면 조직에 대한 지배력을 강화하고, 경영 방식에 변화를 주어 프로세스를 간소화하고, 각 부서의 고립을 깨야 한다. 이 방식을 활용하면 근무 환경에 새로운 디지털 기능이 도입됨에 따라 역시나 새롭게 개정된 프로세스가 원하는 결과를 확실히 도출할 수 있게 해줄 것이다.

'담당 부서를
연결해 드리겠습니다'라는 굴레

도표 3.4와 3.5를 다시 보면 '중복적인 프로세스' 외에도 경영자와 직원 모두 '부서 이기주의에서 기인하는 협업 부족'을 성장의 또 다른 장애물로 규정했다. 안타깝게도 각 부서의 고립과 부서 간의 협업 부족은 너무나 흔하게 발생하며 직원경험과 고객경험에도 해를 끼친다.

대기업은 영업, 마케팅, 고객서비스, IT 등으로 사업 분야를 세분화하며 각 부서마다 별도의 담당 중역과 예산, 달성 지표, 자료, 시스템, 도구, 프로세스가 있다. 다시 말해 여러 개의 독립된 사업부로 구성되어 있다는 뜻이다. 만일 어떤 프로세스가 기업의 종합적인 요구 사항이 아니라 특정 사업부의 내부적인 요구를 충족하고자 설계된 경우 직원과 고객에게 모두 안 좋은 경험을 제공할 수 있다. 예를 들어 고객서비스 담당자가 고객에게 포인트를 제공할 때 재무 부서가 정한 전결 조건에 따라 관리자의 결재를 받아야 한다면 그 추가적인 단계는 사실상 담당자의 문제 해결과 고객의 요구 충족을 늦출 뿐이다.

이러한 사업부별 이기주의는 대부분 프로세스 불일치를 불러온다. 이는 고의적인 것은 아니지만 수년간 각 사업부의 독자적 의사결정이 쌓인 결과다. 각 부서가 자체 목표에 맞게 프로세스를 조정하는데 이때 다른 사업부와의 조절이나 협의를 거치지 않았을 경우 그 부정적인 결과는 매우 심각할 수 있다. 나아가 사업부에 부서 이기주의가 만연하다면 외부 사업부와 자료, 정보, 자원을 공유할 가능성이 작다.

설문조사 기관인 커스터머게이지Customer Gauge의 'B2B 기업의 경험 현황'에 따르면 B2B 기업의 39%만이 고객 데이터를 회사 전체에 공유하며 부서 또는 사업부 수준의 공유도 61%에 불과하다고 한다.[19] 이러한 정보의 공유 부족은 전사적 커뮤니케이션, 협력, 의사결정, 생산성, 고객경험 및 직원경험에 엄청나게 부정적인 영향을 미친다. 또한 이 때문에 좋은 의도로 설계된 프로세스조차도 안 좋은 결과를 초래하기도 한다.

고객은 여러 부서 간의 협력이 끊어졌을 때 나타나는 영향을 즉각적으로 느낀다. 실제로 어떤 설문조사에서 53%의 고객은 한 회사가 아니라 단절된 여러 부서와 이야기하는 느낌이 든다고 말했다.[20] 예를 들어 고객이 웹사이트에서 상품을 주문하고 나서 변경하려고 고객서비스 번호로 전화해도 콜센터 상담원은 '웹사이트팀' 직원이 아니라서 어떠한 조치도 해주지 못하는 경우가 있다. '웹사이트팀'과 '고객서비스팀'의 주문 프로세스가 달라서 고객은 오직 웹사이트에서만 주문을 변경할 수 있다. 고객이 문제를 논의하려고 고객서비스 챗봇과 대화를 시도한다고 해도 돌고 돌아 FAQ 페이지로 넘어가므로 실제 직원과 이야기할 수 없기는 마찬가지다. 이렇게 프로세스가 불안하고 단절되면 전반적인 고객경험에도 해를 끼치지만 더 나아가 고객이 좌절하고 불만을 품게 되어 직원경험에도 손실을 입힌다.

고객경험은 상당히 독립적이긴 하지만 기업은 최근에 여러 부서에서 발생하는 고객들의 불만 행동을 연결하는 데 많은 개선을 이루어냈다. 고객경험이 누구 책임인지 생각해 보라. 일반적으로 마케팅 부서에 속하며, 고객경험 프로세스는 주로 직원과 고객 간에 이루어지는 상호작용을 원활하게 하고 마찰은 최소화하도록 설계되어 있다.

그렇다면 직원경험은 누구의 소관일까? 이 경우는 여러 곳에 조각조각 분산되어 있다. 인사 부서에 조금, 교육 및 경력개발 부서에 일부, IT 및 재무 부서에 조금 있는 식이다. 직원경험에 대한 상세한 프로세스 없이 다양한 부서들이 참여하면 결국 부서 이기주의만 강화하는 결과를 낳는다. 이렇게 되면 직원이 업무를 처리하고 회사가 직원을 관리하기가 더욱 복잡하고 힘들어진다.

어느 경우에서도 해당 사업부의 담당자들이 고의로 비효율적인 방법을 택했을 가능성은 없다. 사실 그들은 자기 사업부의 직원들에게 미치는 영향을 깊이 생각하지 않았을 것이며 더군다나 다른 사업부의 직원들에게 미치는 영향은 말할 것도 없다. 포드자동차를 다시 상기해 보자. 품질 저하의 주된 원인은 직원이 아니라 경영진이 만든 나쁜 프로세스였다.

유연하게 사업부의
경계를 넘어라

부서 이기주의가 성장에 엄청난 장애물이라면 부서의 구분을 완전히 없애는 것이 가장 좋은 방법이라고 생각할 수 있다. 그러나 각각의 역할과 기대치의 명확성 그리고 전략적 목표의 정렬을 위해 사업부별로 독립적으로 운영하는 것도 나름의 가치가 있다. 이 장점을 살리되 부서 이기주의를 타파하려면 협업이 필요한 다양한 업무의 작업 흐름과 프로세스를 연결할 수 있도록 사업부 간의 교류를 강화해야 한다.

회사가 사업부를 연결하는 한 가지 방법은 영업운영팀SalesOps team을 만드는 것이다. 이 팀은 영업 직원의 성과와 매출 예측 가능성 및 예측 정확성을 향상하는 것을 목표로 조직의 프로세스를 개선한다. 이제껏 영업운영팀의 이점은 대부분 목표를 할당

받는 영업 직원, 특히 조직 내의 영업 인력과 관련한 부문에 한
정되어 있었다. 그러나 최근에 이런 팀들의 역할은 더 포괄적으
로 전환되어 가는 추세다. 현재 영업운영팀 직원의 48%가 과거
보다 교차 기능적인 업무 흐름 관리에 더 많이 참여하고 있다.[21]

수익운영팀RevOps은 최근에 개발된 비즈니스 기능으로 영업
부서를 넘어 역할을 확장하고 있다. 수익운영팀의 목표는 마케
팅, 영업, 고객서비스를 아울러 각각의 부서에서 무슨 일이 일어
나고 있는지 투명하게 보여주고, 인센티브, 지표, 인력, 자료, 시
스템 및 프로세스를 조율해 성장을 촉진하는 것이다. 이 팀을 통
해 고객을 직접 대면하는 세 부서를 감독하고 조정하면 성장을
저해하는 불필요하고 구태의연한 프로세스를 제거해서 좋은 시
작점을 마련할 수 있다.

그러나 하나 기억해야 할 점이 있다. 운영팀은 여러 측면에서
회사에 이익을 가져다줄 수 있지만, 잘못된 프로세스의 근본 원
인을 해결하는 대신 하나의 고충점을 해결하는 데만 초점을 맞
춘다면 오히려 문제가 복잡해질 수 있다는 것이다. 따라서 운영
팀이 적합한 역할을 수행하려면, 업무 분야를 넘어 다른 팀과 협
력할 의사가 있는 인재가 필요하다. 특히 교차 기능적인 것으로
확인된 문제를 각기 따로 해결할 방법이 없다면 더욱 그렇다. 따
라서 회사에 이러한 운영팀을 도입하려면 적절한 인재와 기술

이 있어야 한다. 혹시 아직도 도입을 망설이고 있는가? 그렇다면 미래에는 과연 어떤 형태를 성공이라고 판단할지 머릿속에 그려보고, 개인으로서 그리고 더 광범위한 팀의 일원으로서 어떻게 해야 그 성공을 가장 효과적으로 이룩할 수 있을지 생각해 보라.

고객경험과 직원경험을
동시에 개선시키는 디자인 사고

'디자인 사고Design Thinking'는 고객경험과 직원경험을 모두 개선시킬 수 있다는 점에서 매우 유용하다. 이 방법론은 사용자의 필요를 반영한 혁신적인 솔루션을 찾아준다. 디자인 사고를 통해 조직의 기존 프로세스가 어떻게 고객과 직원에게 영향을 미치는지 이해하면 개선할 영역을 찾아내고, 개선의 진척 상황도 측정할 수 있다.

  고객경험의 프로세스 개선과 직원경험의 프로세스 개선을 통합할 방법을 생각해 보자. 고객과 직원 모두 만족하는 경험을 창조해 낼 수 있을 것이다. 단, 이는 서로 다른 그룹, 프로세스 및 데이터를 융합하지 않고서는 불가능하다.

일례로 고객이 회사와 상호작용할 때 거치는 단계를 설명하는 '고객여정지도customer journey map'를 생각해 보자. 이 지도는 고객과의 마찰을 줄이고 프로세스를 간소화해 고객경험 지표를 개선하는 것을 목적으로 한다. 만약 여기에 착안해 직원여정지도employee journey map를 만든다면 어떨까? 기업은 실제로 직원들이 고객에게 서비스하고, 업무를 수행하기 위해 해야 하는 일상적인 단계와 프로세스를 파악할 것이다. 목표 역시 비슷하다. 직원과 고객의 상호작용을 모두 파악해 전체 경험에 영향을 미치는 부분을 찾아낸 다음 직원경험을 개선시키고 그로써 고객경험까지도 강화시키는 일종의 '성장 사이클'을 찾아내는 것이다.

나의 경험을 예로 들어보겠다. 2017년에 호주의 어떤 고객사를 방문했는데, 그들은 2년간 고객만족도와 NPS 점수가 계속 하락해 힘들어하고 있었다. 이곳은 정부의 규제를 받는 기관으로, 건설 프로젝트나 건축 문제에 도움이 필요한 시민들을 지원하고 있었다. 이 기관은 새로운 기술과 교육을 도입했지만 예상한 만큼 긍정적인 변화가 생기지 않았고, 결국 한 발 물러서 현재의 프로세스를 점검하는 데서부터 다시 시작해 보기로 했다.

임직원 일동은 고객이 불만사항을 제기하는 순간부터 최종적으로 해결책을 얻기까지 고객과 직원이 거쳐야 하는 각 단계를 모두 보여주는 고객여정지도를 작성했다. 직원들은 실질적인 개선을 위해 하던 일을 멈추고 여정지도에 있는 내용을 온종일 생각하며 자신의 제안을 적은 포스트잇을 해당 프로세스 아래에 붙이고 토론을 벌였다. 그다음에는 두 명의 소프트웨어 개발자와 두 명의 변화관리 전문가로 구성된 전담특별팀이 곧바로 그 제안을 신속하게 검토하고, 수정안을 계획해 테스트하며 다시 수정했다. 그들은 직원들이 효율적으로 일하는 데 방해가 되는 여러 프로세스와 시스템의 제약을 찾아냈다. 마찬가지로 고객들에게 불필요한 마찰을 초래하는 프로세스도 많았다.

가장 심각한 문제점이 바로 드러났다. 그것은 평균적으로 고객이 불만 해결이라는 여정을 끝내는 데 1년 이상 소요된다는 것이었다. 어떤 기준으로 봐도 이 시간은 받아들이기 힘들었다. 그리고 여정지도를 작성한 후 이들은 현재 존재하는 지표들이 자신들의 문제점을 찾는 데 전혀 도움이 되지 않는다는 걸 깨달았다. 이제껏 조직은 직원과 고객 모두가 문제를 해결하기 위해 투입해야 하는 노력 또는 모든 과정에서 얻을 수 있는 최종경험이 아니라, 직원들의 '노동량'만을 측정하고 있었다. 이를테면 데이터 입력이나 통화 시간, 주당 해결 횟수 등 말이다.

여정 지도를 업데이트하는 과정에서 이들은 새로운 기능이 필요한 영역이 있다는 걸 깨달았다. 예를 들어 불만을 제기하고 싶은 고객은 20쪽 이상의 문서를 다운로드하고 인쇄해 서명한 뒤 팩스로 보내야 했다. 그렇다. 잘못 읽은 게 아니다. 무려 20쪽 이상의 문서를 팩스로 보내야 했다! 만일 양식을 인터넷에 올려 전자 서명을 할 수 있게 한다면 고객뿐 아니라 직원도 불필요하게 시간을 낭비하거나 번거로움을 겪지 않아도 될 것이었다.

초기에 발견된 문제들을 신속하게 수정하고 난 뒤, 전담특별팀은 프로세스 전체를 느리게 만드는 시스템적인 문제를 발견했다. 그리고 기존의 프로세스로는 기관이 도입한 새로운 기술이나 새로운 교차기능교육을 따라갈 수 없다는 사실을 깨달았다. 그러면 과연 어디부터 시작해야 할까?

콜센터 직원들은 매일 출근해서 자기 자리로 가면서 복도 벽에 게시된 여정지도를 지나갔다. 이 시각 자료는 프로세스의 최신 변경 사항, 아직 개선이 필요한 부분을 알기 쉽게 보여줬다. 경영진은 자신들의 작업을 투명하게 공개하고 직원들이 다양한 개선안을 제안할 방법을 만들어내고 싶었다. 이 방법은 직원들이 프로세스와 기술 개선에 참여하게 해 결국 그들의 일상에 영향을 미쳤다. 이는 직원들에게 자부심을 불어넣고 업무 만족도까지도 높일 수 있었다.

그런데 사실 이 전담특별팀의 목표는 직원의 만족이 아니었다. 고객을 위해 시작한 여정지도가 고객과 직원, 양쪽 모두에게 이익이 된 것이었다.

약 6개월에 걸친 여정지도 작업이 완료된 후 기관은 관련된 모든 지표를 개선했을 뿐 아니라 최초 문제 제기부터 해결까지 걸리는 시간을 18개월에서 단 3개월로 줄였다. 만약 이 기관이 고객들의 여정, 궁극적으로는 직원들의 여정을 분석하고 직원들에게 피드백을 요청해 반영하면서 프로세스를 개선하지 않았다면 어땠을까? 기관은 지금까지도 여전히 좋은 평가를 받지 못하고, 고객들의 불만은 쇄도했을 것이다. 가끔은 더 나은 방향을 찾기 위해 한 걸음 물러서야 할 때도 있다.

화이자의
'대담한 미션'

2019년 미국의 다국적 제약 및 생명공학 기업인 화이자Pfizer는 몇 가지 '대담한 미션'으로 구성된 새로운 기업의 비전을 선포했다. 거기에 포함된 과제 중 하나는 '직원의 역량을 끌어내는 것'[22]이었는데 이를 실천하는 방법은 간단했다. '불필요하게 복잡한 업무 프로세스를 제거해서 직원들이 의미 있는 업무에 집중할 수 있도록 하는 것'이었다.[23] 달리 말하면 자동화를 통해 업무를 더 빠르고 쉽게 처리하는 것이었다.[24]

화이자의 모든 경영진은 이러한 단순화 노력을 적극적으로 추진하고 그 책임을 공유하기로 했다. 그들은 직원들이 우려하는 부분을 알고 있었으며 특히 업무에 방해가 되는 불필요한 절차와 관료주의를 가장 큰 문제로 지적했다. 모든 최고경영진이 참여한 상의하달식 계획이 발표되었고, 직원들의 애로를 해소하고 프로세스와 운영을 단순화하려는 노력이 진행되었다.

화이자는 대규모 디지털전환을 추진하기 시작했다.[25] 이들은 새로운 업무 방식의 도입을 확장해 나갔다. 그 방식이란 기민한 agile 프로세스를 통해 더 빈틈없이 빠르게 작업하되 그들이 '메가 프로세스mega process'라고 부르는 것을 간소화하며, 조직 내에서 인재를 지도하고 개발하는 방식에 변화를 주고, 자료에 기반한 통찰력을 키워서 의사결정 프로세스를 개선하는 것으로 구성되어 있다.

경영진은 조직이 성공적으로 변화하려면 전 직원이 함께해야 한다고 생각했다.[26] 그래서 변화에 거부감을 느끼는 직원들을 위해 미래 비전을 공유하고 협력업체, 환자 그리고 직원에게 돌아가는 혜택을 중점적으로 다룬 내용을 공유하는 작은 설명회를 개최했다. 그리고 변화해야 한다고 주장하는 직원들을 위해 '점심을 먹으면서 배우는 시간Lunch-and-learns'과 '아이디어 발전 시간'을 진행해 직원들이 자기 의견을 제시할 뿐만 아니라 프로세스의 일부가 되고 결과에 대한 책임을 지는 기회를 제공했다. 이런 노력은 '활동'에서 '효과'로 초점을 변경하고,[27] 직원들에게 나타나는 결과를 측정하려는 것이었다. 화이자는 이를 확실히 밝히지는 않았지만 새로운 경영관을 구축하며 직원경험에 더 많은 주의를 기울였다.

오늘날 화이자에서는 인사 부서를 직원경험부People Experience라고 부르는데, 이는 직원경험에 기울이는 관심이 높아졌다는 신호다. 또한 2021년 기준으로 '화이자 직원의 90%가 조직에 주인의식을 느끼고 화이자를 좋은 직장으로 추천할 의향이 있으며 계속 근무할 의사가 있다'고 자랑스럽게 말한다.[28]

화이자의 사례와 이 장 전체에서 본 대로 경험중심적 사고방식은 효과적인 프로세스를 설계하고, 각 부서 사이의 벽을 허물어 협업을 강화하며 업무 흐름과 운영을 최적화할 것을 요구한다. 다양한 팀을 계획적으로 연결하면 회사가 이러한 중요한 순간을 개선하는 데 도움이 된다. 이는 우수한 직원경험과 고객경험으로 이어지며, 모든 이해관계자에게 더 긍정적인 결과를 가져다준다.

- 직원들에게 불필요한 부담을 주지는 않는지, 현재 프로세스를 정기적으로 검토하는 변화관리팀이 존재하는가?

  _____

  _____

  _____

- '중요한 순간'에 이르기까지의 과정을 분석한 최근의 고객여정지도와 직원여정지도가 있는가?

  _____

  _____

  _____

- 전 직원이 고객경험 자료를 공유하는가? 아니면 부서 또는 사업부 수준에서만 공유하는가?

  _____

  _____

  _____

그 기술은
정말 생산성을 높이고 있는가?

●

기계는 인류의 가장 큰 적이 아니라
인간과 협력하고 공생하는 존재가 될 것입니다.
- 마윈Jack Ma(알리바바그룹 공동 창립자 겸 전 회장)[1]

제4차 산업혁명은 디지털 능력과 활용을 완전히 새로운 수준으로 끌어올렸다. 소프트웨어 애플리케이션은 이제 이러한 디지털 기술이 일상생활의 모든 영역으로 침투할 수 있도록 해준다. 스마트폰, 소셜미디어, 인공지능 그리고 엄청난 양의 사용자 데이터는 기업과 직원과 고객을 완전히 새로운 운영 역학 안으로 편입시켰다. 기업은 판매, 마케팅, 고객서비스, 상거래처럼 핵심적인 분야를 디지털화함으로써 성장, 협업 및 참여를 확대할 수 있는 무궁무진한 기회를 열었다.

한편 기술의 민주화democratization of technology는 전 세계 곳곳의 판

매자와 구매자를 한 번의 클릭으로 연결하는 국면 전환의 열쇠가 되었다. 이제 더는 다국적기업만이 선진 기술을 보유하는 세상이 아니다. 연구에 따르면 고객과 일어나는 상호작용의 72%는 이제 디지털로 이루어지고 있다.[2] 스타트업과 중소기업도 저렴하고 효율적인 방식으로 기술을 구매해서 적용할 수 있게 되었으며, 특히 서비스형소프트웨어의 도입 덕분에 이런 추세는 더욱 앞당겨졌다. 이런 기업들은 반복적인 작업을 자동화해 생산성을 높이고, 디지털마케팅 기술을 사용해 수요를 일으키고, 활동 본거지를 벗어나 대형 브랜드와 경쟁할 수 있게 되었다. 이 모든 것은 이전에는 비용 문제로 시도하기 어려웠거나 내부적으로 관리하기 힘들었던 것들이었다.

그러나 착각해서는 안 된다. 기술이 우리에게 희망을 주기는 하지만 최신·최고의 기술은 목표를 달성하기 위한 수단일 뿐 목표 그 자체가 되어서는 안 된다. 기술은 사람들이 업무를 수행하는 것을 도와줌으로써 더욱 효율성을 높인다. 기술의 목표는 기업을 운영하고, 직원에게 권한을 부여하고, 고객에게 서비스를 제공하는 데 도움이 되는 것이다. 그러나 기술의 효율성은 그것을 가능케 하는 프로세스, 그리고 프로세스와 상호작용하는 직원에 따라 달라진다. 이 목표를 달성하지 못한다면 기술이 배치된 방식을 다시 고려하거나 전략적 가치 자체를 전적으로 재

검토해야 한다.

그러나 전략적 이점을 얻거나 구식 기반 시설과 시스템을 현대화하고자 기술에 막대한 투자를 쏟아부으면서도 투자 비용을 초과해서 발생하는 하류효과downstream implication는 고려하지 않는 기업이 많은 것이 현실이다. 이 때문에 PPTC의 두 'P'인 사람과 프로세스를 뒤늦게 고려하다가 기술 투자의 수익성이 낮아버리곤 한다.

회사에서 제공하는 기술의 최종 목표는 그 기술이 원활하게 작동해 생산성을 높이고 직원과 고객이 기본적인 업무를 완료하는 데 필요한 노력을 줄이는 것이다. 이런 역할을 하지 못하는 기술은 직원, 프로세스 그리고 조직문화에 오히려 스트레스로 작용할 수 있다.

디지털전환이라는
동상이몽

'디지털전환'이라는 용어는 MIT와 제휴한 컨설팅업체인 캡제미니Capgemini가 2011년 후반에야 처음으로 사용했는데, 불과 9년 후인 2020년부터 2030년까지 전 세계의 기업이 디지털 기술 및 디지털전환 계획에 지출할 것으로 예상되는 금액이 무려 6조 8000억 달러(약 9112조 원) 이상이라고 한다.[3] 그렇다. 0 하나가 더 붙은 게 아니다. 전 세계의 환경이 디지털 중심으로 점점 변하면서 직원경험과 고객경험을 개선하는 기술은 회사의 성공에 더욱 중요한 요소가 될 것이다.

지금까지 최고경영진과 직원 사이의 인식 차이가 있는 여러 분야를 이야기했지만, 그중에서도 낙후된 기술에 대한 인식의 불일치는 가장 심하다.[4] 웹이나 앱 기반으로 작동하지 않을 수도 있고 거의 자체적으로 개발하거나 다른 세기에 만든 것처럼 느껴지는(실제 그렇다) 시스템과 도구들 말이다. 이런 기술은 호환성도 없고 원활하지도 않다.

고객과 직원은 모두 기술이 각자의 요구에 맞게 필요한 장소와 시간에 문제없이 작동하기를 기대한다. 기술은 이용자가 부담을 느끼게 해서는 안 되며, 너무나 부드럽게 작동해 마치 없는 것처럼 느껴져야 한다.

회사가 직원에게 잘 작동하는 최신 기술을 제공하는 것은 탁월한 고객경험뿐 아니라 개별 직원의 성공에도 영향을 미친다. 디지털적 사고방식을 갖춘 직원은 직장에서 더욱 성공하고 만족할 확률이 높으며 승진할 가능성도 더 크다.[5] 하지만 안타깝게도 현실은 직원에게 필요한 것을 제대로 충족해 주지 못하고 있다. 평균적으로 단지 32%의 직원만이 회사에서 제공하는 기술이 효과적으로 작동한다고 언급하는 실정이다.[6] 도표 3.7을 보면, 이는 인도를 제외하고는 어떤 국가든 예외 없이 동일하게 겪는 문제로 보인다.

| 도표 3.7 **잘 작동하는 기술을 제공받는다고 응답한 직원의 비율[7]** |
모두가 잘 작동하는 기술을 가진 것은 아니다.

인도	**70%**
멕시코	48%
브라질	44%
아르헨티나	34%
프랑스	30%
독일	28%
싱가포르	26%
미국	24%
캐나다	23%
북유럽	23%
영국/아일랜드	21%
호주/뉴질랜드	19%

그러므로 기술이 직원경험에서 아주 평가가 낮은 부분에 속하는 것은 놀랄 일이 아니다.[8] 직원들은 낙후한 기술이 회사 성장을 방해하는 최대 요인이라고 말한다. 더구나 고객과 직접 상호작용을 하는 직원 열 명 중 두 명(20%)만이 회사가 탁월한 기술을 제공하며 원활하게 협업할 수 있다고 말한다(도표 3.8 참조).

| 도표 3.8 **기술에 대한 의견 차이**[9] |

표본 대부분은 회사의 기술 전환이 상당한 변화를 불러왔다고 응답한다.

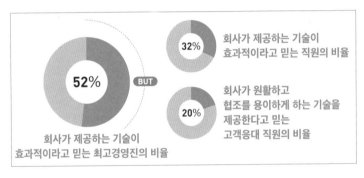

경영진은 직원, 특히 현장 직원이 업무를 수행할 때 기술이 얼마나 중요한 역할을 하는지 정확하게 모르고 있다. 이 말이 별것 아닌 것처럼 느껴진다면 직원의 44%가 "직장의 기술은 직무만족감을 높이는 데 아무런 도움이 되지 않거나 일을 더 어렵게 한다"라고 응답하는 것을 보고는 어떤 생각이 드는가? 직원의

3분의 1은 회사의 기술이 내부고객이나 외부고객에게 서비스하는 데 도움이 되지 않으며 오히려 더 어렵게 한다고 생각한다.

기술은
개인도, 팀도 성장시킨다

비즈니스에 기술이 얼마나 중요한지 명확히 보여주는 몇 가지 수치를 살펴보자. 도표 3.9에 보이는 것처럼 직원에게 좋은 기술

| 도표 3.9 뛰어난 기술이 직원경험에 미치는 영향[10] |

좋은 기술을 제공하는 회사의 직원들은
그렇지 않은 회사보다 직원경험이 세 배 더 좋다.

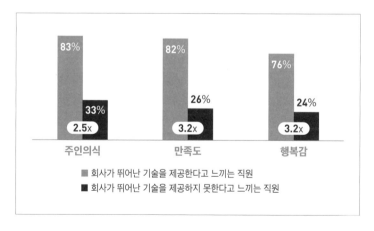

주인의식   만족도   행복감

- 회사가 뛰어난 기술을 제공한다고 느끼는 직원
- 회사가 뛰어난 기술을 제공하지 못한다고 느끼는 직원

을 제공하는 회사는 그렇지 않은 회사보다 직원들이 훨씬 더 주인의식을 느끼며 보다 만족스러워하는 것으로 나타났다.

기술 개선이 그저 개별 직원에게만 영향을 미친다고 생각해서는 안 된다. 기술은 팀의 성과와도 직결된다. 뛰어난 기술은 성과가 뛰어난 팀이 팀 내에서, 그리고 부서 간 협업에서 더 원활하게 일하고 협력할 수 있게 해준다. 그에 비해 성과가 낮은 팀은 기술의 활용도가 낮은 경향을 보인다. 더 나아가 자동화 기술은 기본적인 업무를 줄여주어 영향력이 큰 업무에 집중할 시간을 더 많이 확보할 수 있게 해준다(도표 3.10 참조).

| 도표 3.10 **기술의 승수효과[11]** |

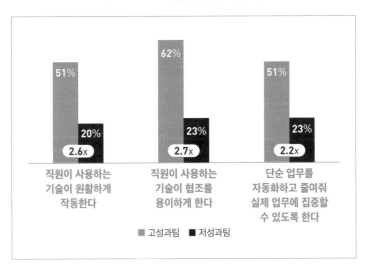

업무가 사무실을 벗어나 재택근무 등 더 유연한 형태로 변하고, 고객경험 기대치가 계속 상승함에 따라 기술의 역할은 더욱 커질 것이다. 따라서 이러한 현실을 이해하면 직원경험·고객경험과 IT를 연결하는 것이 왜 중요한지 기업도 깨달을 것이다. 그러나 아직도 이러한 중요성을 충분히 인지하지 못하는 경영자가 많은 것 같다.

최고경영진의 52%는 회사가 제공하는 기술이 효과적으로 작동한다고 믿는다. 여기서 유의해야 할 점이 있다. 그것은 단지 48%의 최고경영진만이 안 그렇다고 생각한다는 점이다. 이 수치는 그냥 안 좋은 정도가 아니다. 이건 위기 상태다. 경영자들이 여기서 왜 이렇게 잘못하는지를 밝히는 이론은 여러 가지가 있을 수 있겠지만, 일 IT 중역과의 인식 불일치가 점점 커지는 문제에 관해 아래 사항을 한번 생각해 보자.[12]

- IT 중역의 84%는 직원이 사용하는 기술의 개선이 중요하다고 말하지만 그중 21%만이 현재 기술이 직원 참여를 최대화한다고 말하며 생산성을 최대화한다고 말하는 중역은 25%에 불과하다.
- IT 중역의 50%만이 회사가 직원경험에 투자를 늘리고 있다고 말한다.

- 기업의 55%는 사용자경험UX, User Experience을 통합하는 데 어려움을 겪으며 이는 이전 연도의 48%보다 증가한 수치다.
- 기업의 42%는 계속 변화하는 프로세스, 도구, 시스템에 대응하는 능력이 부족해서 최종 사용자경험을 통합하기가 매우 어렵다고 말한다.

이러한 조사 결과는 IT 중역들 역시 직원에게 최적의 기술경험tech experience이 부족하다고 생각하지만 이를 해결하려는 노력은 거의 들이지 않는다는 것을 보여준다. 이런 문제는 고위직으로 올라갈수록 일반 직원, 특히 영업 및 서비스처럼 최일선에서 일하는 직원이 사용하는 기술과 다른 기술을 사용하므로 더욱 심각해진다. 이는 경영진이 직원들이 현재 기술을 어떻게 생각하는지 모르고, 현재 기술의 잠재적 문제점이나 심지어 기회조차 모른다는 의미다. 경영진이 콜센터에 가서 직접 고객을 응대하거나 CRM이나 고객서비스 시스템에 접속하지 않는 한 오래되고 단절된 시스템이 직원을 얼마나 방해하고 조직의 성장 역량에 어떤 영향을 미치는지를 완전히 이해할 수 없을 것이다.

제4차 산업혁명 시대에
왜 기술 문제에 시달릴까?

기업들은 2020년 코로나19 대유행이 발생하자 아무런 준비도 없는 상황에서 갑자기 이에 대응해야 했다.[13] 현실적으로 가장 개선이 필요한 부분은 직원이 사용하는 프로그램이었다. 직원들은 갑자기 자기 집 거실이나 주방에서 작업해야 했는데 IT 중역이나 최고정보책임자 중 40%만이 부서에 원격근무를 지원하기에 적합한 도구와 정책 그리고 절차를 갖추고 있다고 말했다. 어디서나 일하는 하이브리드 작업 환경에서는 누군가에게 불편함을 토로하거나 도움을 요청하기가 훨씬 더 어려워졌다. 제대로 된 대응 도구 없이 고객 요구에 응답하고 직무를 효과적으로 수행하려면 직원들은 더욱 바빠져야 했다.

아이러니한 점은 오늘날에는 재택근무로 일하든 사무실에서 작업하든 상관없이 클라우드 기반이건 자체 설치 프로그램이건 또는 이 둘의 혼합 형태이건 간에 꿈꾸는 거의 모든 일을 해낼 수 있는 기술이 곳곳에 널려 있다는 것이다. 그렇다면 도대체 왜 기업은 직원들에게 적절한 기술을 제공하지 않는가?

기업이 새로운 기술에 투자했지만 직원들이 여전히 기술에 대해 불만을 품는다면 그것은 기술 자체의 문제가 아닌 통합의 문제(integration problem)일 가능성이 높다. 직원들이 새로운 기술을 사용하지 않는 것은 제대로 된 교육이 이루어지지 않은 탓일 수도 있다. 또는 이 기술을 적용한 새로운 프로세스가 생산성과 효율성 향상에 방해될 수도 있고, 기술은 도입되었는데 기술을 포함하는 새로운 프로세스가 없어서 그럴지도 모른다. 현실이 이런데도 신기술을 구매하는 속도는 늦춰지지 않고 있다. 전 세계적으로 IT 관련 지출은 2022년에 4조 4000억 달러(약 5896조 원)에 이를 것으로 예상되며,[14] 이는 2021년 대비 4% 증가한 수치다. 특히 소프트웨어 구매 비용은 2022년에 6749억 달러(약 904조 원)로 전년 대비 9.8% 증가가 예상된다. 언스트앤드영의 2022년 최고경영자 전망 조사(EY 2022 CEO Outlook Survey)에 따르면 설문에 참여한 2000명의 CEO 중 47%는 기업 간의 경쟁에서 앞서나가고자 다른 전략보다 정보기술에 의존한다. 마찬가지로 거의 절반의 CEO(47%)가 기술을 고객 참여와 이익률의 유지 또는 개선에 필수적인 요소로 여긴다.[15]

새로운 CRM 프로그램이나 메일 소프트웨어, 재무 또는 경비 처리 시스템을 도입한다는 경영진의 파워포인트 자료는 그럴듯하게 보이겠지만 기업은 새로운 시스템의 도입이 직원들에게 얼마나 불확실성과 불만을 불러일으키는지 잘 모른다. 특히 적응 과정이 원활하지 않으면 더욱 그렇다. 게다가 비용 절감을 구실로 교육을 축소하거나 중단한 채, 새로운 기술이 기존 시스템과 적당히 통합되기를 기다리거나 프로세스에 문제가 발생하는데도 이를 무시한다면 어떻게 직원경험의 개선을 기대할 수 있을까? 이러한 접근 방식은 근시안적일 뿐 아니라 실제로 직원경험의 악화를 초래한다.

가장 최근에 고객서비스 번호로 전화했던 기억을 떠올려 보자. 담당 부서를 찾을 때까지 그 전화는 여러 부서를 마치 탁구공처럼 왔다 갔다 해야 했고, 그때마다 짜증 날 정도로 반복해서 문제를 설명하거나 심지어 제품 이름부터 완전히 다시 말해야 했던 기억이 날 것이다. 정말 환장할 노릇이다.

유용하고 간소화한 기술을 구현하려면 일반적으로 한 기업이 보통 900개 이상의 고유한 응용프로그램을 운용해야 한다[16]는 점을 먼저 이해해야 한다. 이는 충격적인 숫자이지만, 더 충격적인 사실은 이러한 응용프로그램의 29%만이 다른 프로그램과 통합되어 있다는 점이다. 900개 이상의 프로그램 중 상당수가 후선업무에서 회사의 운영을 돕는 데 사용한다고 하더라도 여전히 나머지 수백 개의 프로그램은 서로 연결되지 않았으므로 시스템과 데이터가 고립될 수밖에 없다. 그래서 콜센터의 상담원은 먼저 전화를 건 고객의 구매이력시스템에 접근해서 CRM 시스템에 로그인하고 나서 그밖에 대여섯 가지 다른 프로그램에 접속한 후에야 이 고객에게 제대로 된 서비스를 제공할 수 있는 것이다. 도대체 이런 일이 발생하는 이유가 무엇일까?

시스템이 완벽하게 통합되지 않았거나 서로 다른 부서 간의 프로세스가 확립되지 않았으며, 고객 또는 직원이 회사와 소통하는 과정이 원활하지 않고 경영진이 문제 해결에 노력도, 시간도 들이지 않기 때문이다. 적어도 데이터상으로는 그렇다. 그것이 원인이 아니면 경영진이 아무것도 모르거나 전혀 관심이 없는 것이다.

이는 비단 고객서비스 부서에만 해당하는 문제가 아니다. 어떤 중소기업은 여러 시스템에서 매출, 출하 및 재고 데이터를 추출하는 데 시간이 걸려서 분기 실적 마감에 3주가 소요된다고 내게 설명한 적이 있다. 그들은 그 프로세스를 더 효율적으로 진행할 방법이 있으리라고 생각하고 일주일 내로 마감하도록 프로세스를 간소화하는 프로젝트를 시작했다.

이 프로젝트에서는 회계팀에서 받은 의견과 피드백을 접수하고 IT 부서를 동원해 서로 다른 시스템을 통합하고 프로세스를 간소화했다. 결과는 어떻게 됐을까? 6개월 후에 이 중소기업은 단 사흘 만에 분기 실적을 마감할 수 있었다. CEO와 투자자들도 기뻐했지만 더 중요한 것은 매달 실적을 마감하는 업무를 맡은 직원들이 좋아했다는 점이다. 그들은 이 프로젝트에 적극적으로 참여했는데, 결과적으로 자기 업무가 더 쉬워졌다.

다시 말하지만 경영진에게 의도적으로 고객이나 직원을 어렵게 할 생각은 없다. 그러나 불만이 존재하는 원인이 명확하지 않으면 문제가 발생한다. 경험중심적 사고방식을 구축하려면 변화관리팀을 구성해야 한다. 그 일을 하는 팀원이 단 한 명이라도 있다면 이러한 상황이 모두에게 끔찍한 경험이 되는 것을 예방해 시간과 비용을 절감할 수 있을 것이다.

기술의 핵심은
첫째, 자동화다

자동화는 프로세스 개선과 직원의 효율성을 논의할 때 중요한 부분이며 전체 PPTC 프레임워크의 중요한 구성 요소다. 기업의 93%는 자동화를 더 나은 고객경험을 창출할 수단으로 인식한다. 자동화가 높은 수준으로 이루어진 조직은 일반적으로 직원 경험, 신규 고객 확보, 상업적 성과, 문제해결의 용이성 등에서 10% 이상의 향상을 누린다.[17]

미래에는 고객이 자기 경험에서 효율성을 가장 중요하게 여길 뿐 아니라 그것을 위해 더 큰 비용을 지급할 것이다.[18] 따라

최고의 조직은 직원에게 어떤 경험을 제공하는가?　205

서 이 사실은 투자수익률을 우려하지 않아도 되게끔 해준다. 고객경험을 개선하는 것은 좋은 일이지만 자동화는 궁극적으로 고객과 직원의 경험을 함께 개선하고 양쪽 모두의 노력을 줄여야 한다.

조사 결과 직원의 33%만이 자기 회사가 기본적인 업무를 자동화해 실제 작업에 집중할 수 있도록 해준다고 응답했지만[19] 경영진은 52%가 "그렇다"라고 응답했다. 약 20%의 의견 차이도 우려할 부분이기는 하다. 하지만 더 큰 문제는 경영진이 직원이 자동화로 쉽게 할 수 있는 일에 시간을 허비하는데도 그저 방관하고 있다는 것이다.

| 도표 3.11 **좋은 직원경험을 만들기 위한 기업들의 자동화 적용 현황**[20] |

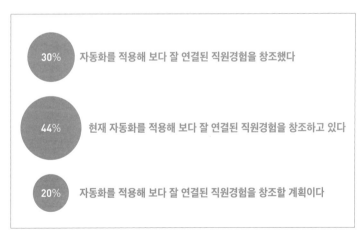

자동화를 활용하면 프로세스가 매번 일관적인 수행을 보장하므로 인간이 수행할 때 발생하는 불확실성을 제거할 수 있다. 이를 통해 직원들은 상상력, 즉흥성, 창의성, 대인관계 및 공감과 같은 고유의 인간적 특성을 이용해 '예외적인' 문제, 일회성 사건, 복잡한 상호 교류 같은 것에 더욱 집중할 수 있게 되며 일상적이고 반복적인 일에서 벗어날 수 있다.

도표 3.11에서도 나타나듯이 자동화를 활용하면 더 잘 연결된 직원경험을 쌓을 수 있다. 간단히 말해 고객과 직원이 경험을 헛되이 버리지 않으면서 노력은 최소화하고 효율성은 극대화할 수 있는 어느 곳에서나 자동화를 적용해야 한다.

기술의 핵심은
둘째, 팀 스포츠다

기업의 기술 로드맵을 설계, 개발 및 지원하는 것은 일반적으로 최고정보책임자 또는 IT 중역의 역할이었다. 그러나 사업부별로 자체 기술을 도입하고 각각의 영역을 치열하게 보호하는 상황에서는 회사 전체적으로 원활한 기술경험을 구현하려면 새로운 접근 방식이 필요하다. CEO는 회사 전체의 다양한 사업부

중역들이 자신들의 부서가 사용할 기술 계획만 수립하게 하기보다 종합적으로 참여하게끔 해야 한다. 지금이야말로 각 사업부 간의 교류를 형성하고 새로운 경영관을 개발해야 할 시기다.

　IT 부서 혼자서 사업에 어떤 기술이 가장 적합한지를 결정하는 책임을 떠맡아서는 안 된다. 물론 IT 부서도 참여해야 하지만 그들은 업무용 하드웨어나 소프트웨어의 유지·보수와 기술지원을 할 때 말고는 일선 직원들의 문제를 매일 접하지는 않는다. 예를 들어 컴퓨터가 다운되거나 시스템에 오류가 발생할 때 직원들을 도와주기야 하겠지만 직원들이 사용하는 시스템을 더 효과적으로 만들려면 어떻게 해야 할지, 통합해야 할 응용프로그램들은 무엇인지, 주로 쓰이는 시스템은 어떤 것인지 등에 대한 대화는 거의 나누지 않는다.

　일부 기업은 부서 간 협업의 중요성을 깨닫고 있다. 조사에 참여한 IT 종사자의 57%는 이제 인사 부서와 더 밀접하게 협력하고 있다고 한다.[21] 최고정보책임자의 64%는 최고인사책임자와 더 긴밀하게 협력한다고 대답한다.[22] 이런 통계 수치를 참조해서 자신의 회사와 비교해 보기 바란다. 최고정보책임자는 기술평가과정technology assessment process에 인사팀 직원을 정기적으로 참여시키는가? IT 부서는 영업팀, 고객서비스팀, 마케팅팀 직원들과 함께 제안요청서(RFP, Request For Proposal)를 논의하는가? 그들은 직원만족도와 사용 현황을 파악하고자 다른 팀과도 회의하는가?

위 질문에 어느 하나라도 "아니오"라고 답했다면 회사가 설치한 기술이나 시스템에 대해 직원들은 경영진이 생각하는 만큼 만족스러워하지 않는다는 뜻이다. 고객경험과 직원경험의 기술수요평가Technology Needs Assessment를 교차로 진행하면 모두에게 상호 이익이 되는 결과를 낳을 것이다. 이해관계자의 이야기를 들어보고 요구 사항의 우선순위를 정하며 공통적인 특징과 기능을 식별하고 나서 이러한 요구 조건을 문서화해야 한다. 이렇게 하면 새로운 시스템과 도구가 직원과 고객의 손에 전달되기 전에 프로세스 및 응용프로그램의 통합이 더 잘 이루어질 수 있다. 결국 기술과 관련한 모든 논의는 IT 부서가 참여하는 상황에서 진행되어야 한다. IT 부서, 특히 최고정보책임자는 단지 한 부서가 아니라 모든 이해관계자가 기술적 해법의 혜택을 볼 수 있도록 해야 한다.

IT 부서가 직원경험을 위한 투자와 고객경험을 위한 투자 사이에서 의식적으로 균형감을 유지하지 못하면 그들이 어떤 선택을 하더라도 회사가 균형 잡힌 경험중심적 사고방식을 갖지 못할 것이다. 여기서 '균형'이란 비용을 똑같이 투자한다는 의미가 아니라 경험 또는 노력을 균형 있게 개선한다는 뜻이다. 예를 들어 IT 부서가 새로운 포털을 개발하는데 이 사이트에서 고객이 요금을 내거나 도움을 요청하거나 회원등급을 변경할 수 있다고 해보자. 동시에 IT 부서는 이 포털과 마찬가지로 사용하기 쉽고 원활하게 돌아가는 직원용 프로그램을 만들어 각각의 요청을 처리할 방법을 마련해야 한다. 자기 회사의 IT 부서가 이러한 균형감을 유지하고 있다고 확신할 수 있는가?

고객경험이 직원경험보다 우세해지는 것을 자동으로 막아주는 '안전장치' 같은 것은 없다. 아무리 시스템이 자동화되더라도 이러한 균형과 상승 효과를 영원히 유지하지는 못할 것이다. 고객을 위해 투자한 기술과 직원을 위해 투자한 기술의 균형을 유지하는 유일한 방법은 오히려 사람을 적극적으로 활용해 직원들의 의견을 참조하며 상황을 지속적으로 추적·관찰하는 것밖에 없다. 그렇게 하면 기술을 경험중심적 사고방식과 일치시키도록 전략과 전술을 수립하고 협상할 수 있다.

치폴레

기술혁신이 가져온
193%의 주가 상승

치폴레멕시칸그릴Chipotle Mexican Grill은 친환경 식재료와 높은 회사 가치로 유명하다. 치폴레의 사명은 더 나은 세상을 경작하는 것이다. 그 지방에서 나는 유기농 재료만을 사용하는 미국 최초의 레스토랑 체인점으로서 호르몬 또는 항생제를 첨가하지 않은 동물복지 축산물을 사용해 환경보호를 이어가고 있다. 또한 사용한 비닐장갑을 쓰레기봉투로 재활용하며 쓰레기의 50%를 매립지에 버리지 않고 다른 방법으로 처리한다.

직원경험의 중요성을 인식한 치폴레는 또한 회사의 가치관에 의거해 직원을 대우한다. 치폴레의 CEO인 브라이언 니콜Brian

Niccol은 "직원경험이 개선되면 근속률이 높아지고 고객에 대한 대우도 좋아집니다"라고 말한다.[23] 2019년에 치폴레는 75개의 다양한 사업과 기술 관련 학위에 대해 등록금 100%를 선지원하겠다고 발표했다. 그 후에는 차세대 지도자 양성 및 멘토링 프로그램을 만들었으며 '더스파이스허브The Spice Hub'라는 최신 교육관리 시스템을 출시해 게임화와 몰입형 교육으로 직원들의 역량 강화에 힘썼다.

2021년 기준으로 치폴레의 레스토랑 관리자는 90%가 내부 승진으로 그 자리에 올랐다.[24] 평균적으로 레스토랑마다 여섯 명의 직원이 승진해 관리자의 수는 총 1만 9000명에 이르렀다. 더군다나 수습 직원과 총괄 관리자의 내부 승진 비율은 77%였다. 니콜은 이렇게 말했다.

"우리가 할 수 있는 가장 좋은 일은 직원이 교육받고 직장에서 성공할 수 있도록 하는 것입니다. 그리고 회사에 성장 기회가 있다는 것을 깨닫게 하는 기업문화를 조성하고 지도자를 육성하는 것입니다."

이렇게 직원 친화적이고 지속 가능한 프로그램 덕분에 치폴레는 여러 상을 받았다.[25] 예를 들면 '가장 여성이 일하기 좋은 회사', '최고 기업문화상', '최고의 급여 및 복지상', '최고의 경력 개발상' 등 수도 없이 많다. 그러나 회사는 현재에 안주하지 않고 기술에 계속 투자해서 명성을 더욱 드높이려고 노력한다.

2022년 4월 치폴레는 5000만 달러(약 670억 원) 규모의 벤처펀드인 '컬티베이트넥스트Cultivate Next'를 설립했다. 이 프로젝트를 주도하는 치폴레의 최고기술책임자인 커트 가너Curt Garner는 "우리는 직원경험과 고객경험을 향상하고 레스토랑 산업에 혁명을 일으킬 수 있는 새로운 혁신에 투자할 기회를 모색하고 있습니다"라고 설명했다.[26] 다시 말해 치폴레는 기술에 투자해 직원경험과 고객경험을 모두 개선하겠다는 말이다.

기술은 직원이
더 만족스러운 경험을 하게 돕는 것이다

새로운 기술의 도입은 고립된 상태에서 결정해서는 안 된다. 이를 염두에 두고 2019년에 치폴레는 '컬티베이트센터Cultivate Center'라는 혁신 허브를 설립했다. 이 허브에서는 새로운 메뉴부터 신규 레스토랑 디자인, AI 및 새로운 기술의 활용까지 모든 것을 실험한다. 가령 치피Chippy라는 주방보조 로봇을 이용해 자동화를 실험하는 것 등이다. 이 로봇은 이름에서 알 수 있듯이 레스토랑에 주문이 폭주하는 시간대에 토르티야칩을 만들어 병목현상을 줄이는 데 도움을 준다. 처음에는 이런 AI 기술을 이용해 토르티야칩의 재고가 바닥날 때를 예상하고 이 기계를 필요할 때만 사용할 계획이었다. 하지만 치폴레의 최고기술책임자인 가너는 CNBC와 한 인터뷰에서 어떻게 하면 AI를 이용해 직원들의 지루하고 반복적인 업무를 계속해서 줄일 수 있는지 고민한다고 말했다.[27] 또한 가너는 "우리는 직원들과 함께 협력해 그들이 어떤 작업을 자동화하거나 어떤 분야에 인공지능을 도입하기를 원하는지 조사해서 작업이 덜 복잡해지도록 하는 것을 목표로 삼았습니다. 그리고 레스토랑 주방에도 디지털 조리 과정이나 기타 작업을 자동화할 기회가 있다고 생각합니다"라고 덧붙였다.[28]

이 기술을 도입해서 노동력 문제를 해결하거나 직원을 대체하려는 것이 아니었다. 그 대신 치폴레는 직원들의 경험이 더 쉽고, 더 재미있고, 더 보람 있는 것이 되게 하려고 했다.[29] 또한 직원들이 싫어하는 몇 가지 작업을 제거해서 고객서비스에 더 많은 시간을 할애할 수 있도록 하려는 것이 목표였다.

치폴레의 주가는 5년 전 가격에서 193.35% 늘어나 924.35달러가 상승했으며 2022년 1분기 보고서에 따르면 총매출은 16% 증가했다. 한편 2022년 실적 보고서에 따르면 식당 내 매출은 33.1%가 증가했으며, 온라인 주문 매출은 식음료 매출의 41.9%

를 차지했다. CEO인 브라이언 니콜은 이렇게 말한다.

"직원들에 대한 투자와 디지털 시스템 그리고 정직한 음식을 내놓겠다는 약속이 더 많은 고객에게 최상의 서비스를 제공하는 결과를 가져왔습니다."[30]

치폴레의 사례는 기술이 어느 하나를 희생하게 하지 않고 직원경험 및 고객경험과 양립하는 것이 얼마나 중요한지를 보여준다. 니콜이 말했듯이 직원에게 투자하는 것을 새로운 기술로 뒷받침했기에 더 많은 고객에게 더 나은 서비스를 제공할 수 있었다. 기술을 이용해 고객의 시간은 절약하지만 직원의 노력은 더 늘어나야 한다면 오히려 역효과만 낳을 뿐이며 그 반대도 마찬가지다. 고객이나 직원 모두 목표를 달성하는 데 필요 이상의 과도한 노력을 들여야 해서는 안 된다. 기술 투자는 항상 균형을 유지해야 한다.

[SELF-CHECK]

IT 중역으로서 여전히 회사의 기술 현황을 분석할 수 있다. 다양한 부서의
직원들과 경청 여행을 떠나 다음과 같이 질문해 보라.

• 자동화된다면 업무에서 어떤 부분이 더 쉬워질까?

• 고객에게 서비스하는 동안 어느 부분에서 병목현상이 발생하는가?

• 어떤 프로세스가 업무처리를 늦어지게 하는가?

- 업무를 수행에 필요한 시스템은 무엇인가?

  _____

  _____

  _____

- 어떤 애플리케이션들을 통합해야 할까?

  _____

  _____

  _____

- 어떤 자료가 필요한가?

  _____

  _____

  _____

문화는
경영의 본질이다

●

> 신뢰와 같은 기본 가치와 좋은 사업을
> 목표로 추구하는 기업문화는 그 자체로 훌륭하다.
> 그러나 이는 매출, 성장, 이윤 추구와 같은
> 기업의 전통적인 동기를 초월할 때만 그만한 가치가 있다.
> - 마크 베니오프^{Marc Benioff}(세일즈포스 창업자 겸 CEO)[1]

1993년 RJR나비스코^{Nabisco}의 CEO인 루이스 거스트너 2세^{Louis Gerstner Jr.}는 세 번의 제의를 거절한 후에야[2] 망가져 가던 IBM의 지휘를 맡기로 했다.[3] 세계적인 규모의 컴퓨터 제조업체이자 미국의 선두 기업인 IBM은 30만 명의 직원과 600억 달러(약 80조 4000억 원)의 매출액을 자랑했지만 전년도에 기록한 50억 달러(약 6조 7000억 원)의 손실로 휘청대고 있었다. 주가는 1987년 43달러(약 5만 8000원)에서 1990년대 13달러(약 1만 7000원)로 떨어졌고, 회사는 붕괴 직전에 있었다.[4]

거스트너는 컴퓨터 관련 지식이라고는 전혀 없는 CEO로 업계의 문외한이었기에 평생 컴퓨터 업계에서 일한 사람이 대부분이던 IBM 직원들이 보기에는 CEO가 되어서는 안 되는 사람이었다. 거스트너는 경영진뿐만 아니라 IBM 직원과 고객의 신뢰도 확립해야 한다는 것을 알고 있었다. 그래서 임기 초반에 그는 이 두 집단의 이해관계자들과 시간을 보내면서 IBM이 곤경에 빠진 원인이 무엇인지 더 잘 이해하고자 노력했다.

그러면서 거스트너는 어떤 사실을 알게 되었다. 회사에 헌신하며 수십 년 동안 업계를 선도하는 제품을 만들어왔지만 이제는 모험을 주저하는 직원이 매우 많다는 것이었다. 이들은 고객이나 부서 간 협조 또는 외부 경쟁사보다는 내부 경쟁, 프로세스, 영역 다툼에 집중하고 있었다. 한편으로 IBM의 고객은 이 회사가 더는 자기 요구를 충족해 주지 못하고 그저 현 상태를 유지하려고만 한다고 느끼자 대안을 고려하게 되었다. 거스트너는 기존 직원들과 대화하고 나서 전환전략urnaround strategy을 적용해야 한다는 것을 깨달았다. 그래서 이렇게 말한다.

"어떤 장소에 들어간 지 몇 시간이면 그곳의 문화가 어떤 행동을 장려하고 어떤 행동을 저지하는지, 어떤 행동을 보상하고 어떤 행동을 처벌하는지 빠르게 알 수 있습니다.[5] 개인적인 성과를 장려하는 문화인가, 아니면 팀플레이를 강조하는 문화인가? 위험 감수를 중요시하는 문화인가, 아니면 합의를 중요시하는 문화인가?"

거스트너가 볼 때 기업문화는 단지 게임의 일면이 아니라 게임 그 자체였다.[6] 만약 그가 기업문화에서부터 시작하지 않았다면 IBM의 운명은 매우 다른 방향으로 흘러갈 수도 있었다. 1911년 설립 이래 IBM은 제품 중심의 조직이었고, 이 방식은 매우 성공적이었다. 1990년대 초기만 해도 여러 분야에서 여전히 최고의 제품을 보유하고 있었지만 깊이 뿌리내린 관료주의와 변화에 저항하는 성향 때문에 이제는 혁신을 이루어내지 못한 채 회사의 미래는 위태로워졌다. "이런 식으로 가치관과 행동을 둘러싼 고정관념과 경직된 조직문화는 성공적인 기업에 자주 나타나는 문제로, 매우 파괴적입니다"라고 거스트너는 말했다.[7]

컴퓨터 문외한 CEO가
IBM을 갱생시키다

거스트너는 회사의 회생을 위해 80년 전 설립자들이 정립한 설립 이념을 중심으로 직원들을 다시 뭉치게 했다.[8] 가령 타인을 존중하는 마음, 훌륭한 고객서비스 제공, 자타공인의 우수성 획득 그리고 관리자의 효과적인 통솔 등과 같은 지침이 그중 일부였다. 이전 경영자들은 협력의 중요성을 입에 침이 마르도록 강조했지만 거스트너의 설명에 따르면 모든 직원의 급여가 개인별 성과에 따라 달랐다고 한다.[9] 거스트너는 각 부서의 성과가 아니라 회사 전체의 성과에 따라 상여금을 지급하도록 바꿈으로써 모든 직원에게 공통적인 동기를 유발하려고 했다. 그러나 그것만으로는 충분하지 않았다. 거스트너는 이에 더해 회사의 성과지표를 변경함으로써 각 팀이 부서 이기주의를 타파하고 분야 간 협력을 강화하도록 했다.

거스트너가 처음 IBM에 합류했을 때 회사는 제품의 품질과 시장점유율에 따라 직원의 성과를 평가했다. 그러나 협업과 고객만족도로 초점이 옮겨가면서 직원들은 고립보다는 협력할 동기를 찾게 되었다. 마찬가지로 회사는 고객에게 헌신하는 것이 그 무엇보다도 중요하다고 선언했지만 정작 현장에서는 재무팀 직원의 승인 없이는 가격을 바꿀 수 없었다. 결국 '고객 헌신'은 입에 발린 소리였다는 것이다. 거스트너는 기업문화가 항상 실제 직원들의 성과금에 반영되어 있다는 사실을 알고 있었다. 그는 이렇게 말한다.

"경쟁사를 앞지르고 싶다면 명확한 전략과 가치를 전달해야 하며, 회사가 하는 모든 일에서 이 가치를 강화하고, 사람들에게 행동의 자유를 주면 가치관에 따라 일관성 있게 행동할 것이라고 믿어야 합니다."[10]

IBM의 직원들은 실제 경쟁자가 복도 건너편이 아니라 IBM 바깥에 있다는 사실을 잊어버렸다. 이런 추세는 너무나 뚜렷한데 많은 회사가 이런 방식으로 내부 경쟁을 조장하고 성과로 인정해 주는 잘못을 저지르고 있다. 새로운 경영관을 확립하려면 직원과 경영진이 회사 전체의 목표를 중심으로 하나로 뭉쳐야한다.

상급자가 무슨 일을 지시할 때 건성으로 고개를 끄덕이는 것과 그들의 요청을 적극적으로 지원하는 것은 완전히 다른 일이다. 거스트너의 지도하에 모든 직원은 회사의 목표를 달성하고자 개인적으로 세 가지 목표를 세워야 했다. 그리고 이러한 목표에 대해 진정성 있게 책임져야 했다. 개인 목표를 얼마나 달성했는지 그 성과에 따라 직원들은 포상과 상여금을 받았다. 이 새로운 접근 방식은 회사가 직원에게 기대하는 바가 무엇인지를 이해시켰을 뿐 아니라 주인의식도 함양시켰다. 직원들은 자기 의견이 고과 평가 방식에 반영된다고 생각했고, 회사의 기대에 부응할 공평한 기회가 왔다고 느꼈다.

지금은 조금 흔해졌지만 1900년대 초만 해도 기업이 다양성과 평등에 대해 목소리를 높이는 것이 흔하지 않았다. 그러나

IBM의 창립 회장인 토머스 왓슨Thomas Watson은 달랐다. IBM은 1914년 장애인을 고용한 것을 시작으로 1935년 전문직에 여성을 고용하고 동일노동 동일임금의 원칙을 적용하는 등 유례를 찾기 힘든 다양한 진보적인 프로그램과 정책을 시행했다.

일례로 1953년에 IBM은 노스캐롤라이나주와 켄터키주에 생산 시설을 건설할 계획이었다. 그런데 이 주들은 여전히 인종차별정책을 시행하고 있었다. 당시 IBM의 사장이었던 토머스 왓슨 2세Thomas Watson Jr.는 관리자들에게 편지를 보내 '우리 조직의 정책은 인종, 피부색 또는 신념과 상관없이 특정 직무를 맡는 데 필요한 성격, 재능, 배경을 갖춘 사람을 고용하는 것'이라고 밝혔다.[11]

거스트너는 이러한 IBM의 창립 가치를 다시 상기시켜야겠다고 생각하며 회사의 경영진을 꼼꼼히 살펴보았다. 그는 경영진의 구성이 인재 시장 또는 IBM의 고객과 직원의 다양성을 반영하지 않는다고 결론지었다. 이러한 불균형을 바로잡고자 인종, 성별 등 배경이 다른 여덟 개의 다양성전담특별팀을 만들어 각각의 구성원들에게 있는 특정 문제를 연구시켰다.[12] 이 특별팀에는 중간관리자뿐 아니라 고위 경영진도 포함되어 있었다.

"우리는 다양성이 시장에 기반한 문제라고 생각했습니다. (…) 다양하면서 다문화적인 우리 시장을 이해하는 것이 중요합니다."**13**

　IBM에서 이러한 다양성의 문제와 기타 문제를 해결하려고 노력하면서 거스트너는 과거 부서 이기주의 때문에 발생한 고객 문제도 해결하려 했다. 전 회장인 토머스 왓슨이 세운 설립 이념에는 '훌륭한 고객서비스 제공'이 있었다. 이를 대중에 강조하고자 IBM은 신문에 왓슨 2세 회장이 주장한 'IBM은 서비스입니다'라는 문구를 전면광고로 실어 홍보했다. 왓슨 2세 회장은 이렇게 덧붙였었다.

　"기업은 최첨단 장비와 시장을 개척하려고 다양한 노력을 쏟아붓고 노벨상 같은 것을 받기를 기대합니다. 하지만 대부분 기업에게 서비스는 관심 밖에 있습니다."**14**

　IBM은 점차 성장함에 따라 이 원칙을 따르기가 점점 어려워졌고, 실행한다 해도 일관성이 없었다. 회사는 이제 미래의 고객에게 무엇이 필요한지에 관심을 두지 않았고 그 대신 현재 고객의 행태에만 과도하게 집착했다. 거스트너는 회사 내부에서 기업문화가 변화하면 직원들이 외부에서 일어나는 일에 자연스럽게 더 적극적으로 대응하게 되고, 고객의 요구에도 더 잘 부응할 수 있을 것이라고 생각했다.

　"기업문화는 경영진이 바꾸는 것이 아니다. 그들이 할 일은 직원들이 문화를 바꾸도록 분위기를 조성하는 것이다."**15**

거스트너가 한 말이다. 직원과 경영진 사이의 협력은 최고 경영자가 전체 기업을 운영하는 방식에서부터 시작해야 한다. 거스트너가 IBM의 회장 겸 CEO에서 물러날 때 회사는 6만 5000명 이상의 직원을 추가로 고용했고, 그가 합류하기 전 2년 간 발생했던 130억 달러(약 17조 4000억 원) 이상의 손실을 모두 메우고 엄청난 이익을 냈다.[16]

제품은 모방할 수 있어도
문화는 모방할 수 없다

존폐의 기로에 서 있던 IBM에서 바뀌어야 할 것은 '기업문화' 라고 생각했던 거스트너의 판단은 이처럼 들어맞았다. '기업문 화는 아침 식사로 전략을 먹는다'라는 말도 있지 않은가.[17] 최고 의 전략적 계획이 있더라도 이를 뒷받침하는 기업문화가 없다 면 직원경험과 고객경험에 접근하는 방식은 바뀌지 않는다. 경 험중심적 사고방식을 지원하는 기업문화는 내부적으로 직원을 어떻게 대우하면 그것이 고객경험에 어떤 식으로 반영되는지를 잘 안다. 기업은 의사결정에 경험중심적 접근 방식을 이용해 사 람, 프로세스, 기술이 더욱 잘 조화를 이루도록 한다. 이런 이유로 PPT 프레임워크에 문화가 추가되어 PPTC가 된 것이다.

 '문화'의 정의부터 다시 한번 살펴보자. 문화는 직원과 경영진이 내·외부적으로 다른 이해관계자들과 상호작용을 하는 방식을 결정하는 신념과 행동이다. 완전경쟁시장에서는 제품이나 서비스를 타사와 유사하게 모방하는 것은 가능할지 모른다. 그러나 다른 회사의 문화를 그대로 복제하는 것은 절대로 불가능하다. 이것은 경쟁사의 임금 평등이나 공정성, 포용성 같은 최상의 사례를 모방할 수는 있어도 그 회사와 동일한 인재를 두고 똑같은 경영관을 견지할 수는 없다는 뜻이다. 절대 불가능하다.

 문화는 CEO를 시작으로 조직 내 모든 사람이 받아들여야 한다. 말단 직원부터 중간관리자, 최고경영자까지 모두 말이다. 모든 이해관계자가 회사가 주장하는 사명의 가치를 믿으며 이러한 가치를 근무 방식에 적용하고, 동료 직원과 고객 그리고 다른 이해관계자들을 대우할 때도 그대로 반영해야 한다. 그래서 지도력과 관리 방식이 중요하다. 회사의 전략적 방향을 잘 전달하고 영감을 주어야 직원들이 이 여정에 기꺼이 참여할 수 있다.

 기업문화에는 너무나 중요한 것이 많아서 이 한 장에서 모든 것을 다루기는 어렵다. 여기서는 직원경험, 고객경험 그리고 성장과 관련한 것에만 초점을 맞추겠다. 문화가 왜 훌륭한 직원경험과 고객경험을 주도하는 가장 중요한 요소인지, 성장이 어떻게 건강한 기업문화로 시작해서 건강한 기업문화로 끝나는지 알게 될 것이다.[18] 뛰어난 문화는 긍정적인 행동과 특성을 부각해 성과 향상을 이루어내지만 그렇지 못한 기업문화는 가장 뛰어난 조직조차 성과를 내지 못하게 방해한다.

기업문화의 변화에 저항하면 치명적일 수 있다. 경영진이 "우리는 그렇게 안 합니다"라거나 "과거에 해봤지만 잘 안됐는데 지금 다시 할 이유가 있을까요?" 그리고 "우리 직원들은 참여하지 않을 겁니다" 같은 말을 하는 조직은 반드시 실패하게 되어 있다. 이러한 근시안적 발언은 직원들을 무기력하게 만들고, 앞으로 변화할 수 있을 것이라는 작은 희망조차 사라지게 한다.

때로는 경영자들이 새로운 비즈니스 방식을 받아들이기 주저하기도 하고 어떨 때는 직원과 팀이 조직문화의 변화를 온전히 수용하지 못하기도 한다. 하지만 구성원 모두가 불확실성을 인정하고, 이 혁신이 긍정적인 결과를 가져오리라고 믿을 때 변화는 비로소 효과가 있다. 연구 결과 직원경험을 중시하는 경영자의 43%는 기업문화의 변화에 대한 직원들의 저항이 직원경험과 고객경험 개선에 가장 큰 장애물이 된다고 응답했다. 반면에 고객경험을 중시하는 경영자에게 그 비율은 31%였다.[19]

경험주의적 사고방식을 제대로 정착시키기 위해서는 이해 당사자들이 조직을 믿고 따라야 하며, 모두 하나의 목표를 바라봐야 한다. 조직에는 어쩔 수 없이 낙오자가 생기게 마련이지만, 만약 조직의 대다수가 동의하지 않는다면 심각한 문제가 있는 것이다. 현재 일어나는 일과 미래에 생길 수 있는 일을 생각하면 가슴이 뛰어야 한다. 기업문화가 길을 잃고 정상으로 돌아가야 할 필요가 있을 때, 전사적인 노력을 통해 기업문화를 변화시키는 노력이 필요하다.

2022년부터 기업문화는 기업의 새로운 화두로 떠올랐다. 컨설팅업체인 액센츄어^{Accenture}가 2020년 1월부터 2022년 4월까지 여러 기업을 분석한 결과 그중 53%는 수익 발표 행사$^{company earnings calls}$의 주요 주제가 조직의 기업문화와 코로나 팬데믹의 영향이었을 정도였다.[20] 이제 기업문화의 논의는 인재를 영입해서 유지하고 재교육하는 데 중점을 두고 있다. 특히 '전 세계 근로자의 5분의 1이 다음 해에는 다른 일을 찾겠다'[21]고 하는 상황을 고려하면 더욱 그렇다. 세계가 코로나 팬데믹에서 회복하고 고객과 직원의 기대가 급격하게 변화하는 상황에서 제대로 된 인재를 구하거나 최고 수준의 뛰어난 인재를 놓치지 않으려면 무엇보다도 경영진의 발 빠른 대응이 필요하다.

보스턴컨설팅그룹이 조사한 40개 기업의 디지털전환에 대한 연구에 따르면 '기업문화에 초점을 맞춘 기업은 이를 무시한 기업보다 획기적인 성과를 달성할 가능성이 다섯 배 더 높았다'고

한다.[22] 한편 액센츄어의 연구는 'CEO 두 명 중 한 명은 전환을 이끌고자 인재를 발굴하는 데 투자하고 있다'고 한다.[23] 여기서 의문이 생긴다. 기업문화의 건강 상태를 평가하려면 어디에서부터 시작해야 할까?

건강한 기업문화를 만드는 다섯 가지 요소

연구의 일환으로 우리는 회귀분석을 통해 직원경험이 고객경험, 그리고 궁극적으로 기업문화에 어떤 영향을 미치는지를 파악했다. 이 방식으로 강력한 고객경험을 유발하는 다섯 가지 직원경험 핵심 요소를 파악했다.[24] 그것은 신뢰, 경영진의 책임감, 목표의 일치, 인정, 원활한 기술이다. 이러한 요소만으로 건강한 기업문화가 형성되는 것은 아니지만 이것들이 건강한 기업문화를 발전시키는 데 직접 공헌하는 것은 맞다.

이 장에서는 처음 네 가지 문화적 요소에 초점을 맞출 것이며 앞에서 자세히 다루었던 다섯 번째 '원활한 기술'은 제외하겠다. 이 책 전반에서 각 요소에 대해 다루기는 했지만 더 자세히 살펴보면 이 다섯 가지 요소가 서로 연결되어 있고, 각 요소는 서로 다른 요소를 기반으로 강력한 직원경험을 구축한다는 점을 알 수 있을 것이다. 이들은 조화롭게 작용하면서 참여도 높고 건강한 문화를 지탱하는 데 중요한 역할을 하며, 훌륭한 직원경험을 공고히 한다. 그러다 보면 결과적으로 고객경험도 강화된다.

신뢰

기업문화는 포용적이며, 다양성을 장려하고, 직원이 존중받으며 권한을 부여받았다고 느끼게 해야 한다. 세일즈포스는 전 세계에서 '일하기 가장 좋은 곳'으로 꾸준히 선정되고 있다. 이는 세일즈포스가 회사의 비전, 사업 운영 그리고 제공하는 경험에 대해 매우 체계적으로 신뢰할 수 있는 문화를 구축했기 때문이다. 창립자이자 CEO인 마크 베니오프는 고객의 성공, 혁신, 평등, 지속 가능성과 더불어 신뢰를 가장 중요한 가치로 생각했다.

기업문화에서 신뢰는 매우 중요한 요소다. 신뢰가 의사소통, 조직력, 참여도 및 생산성을 나아지게 하기 때문이다. 신뢰는 직원이 조직에 가지는 신뢰와 조직이 직원에 가지는 신뢰 등 두 가지 유형으로 나뉜다. 2021년 에덜먼의 특별 보고서인 「직원을 움직이게 하는 신뢰The Belief-Driven Employee」에 따르면 직원의 78%는 동료를 신뢰한다고 응답했으며[25] 그다음은 직속 매니저(77%), 최고경영자(71%) 및 인사책임자(70%)의 순서였다. 모든 시장과 업종을 막론하고 자신이 신뢰를 받고 있으며 권한을 부여받았다고 느끼는 직원은[26] 그렇지 않은 직원보다 기업이 최고의 고객경험을 지원한다고 대답할 확률이 1.5배 더 높다.[27]

직원에게 권한을 부여한다는 것은 경영진이 직원의 능력을 신뢰한다는 의미다. 따라서 권한을 부여받으면 직원은 혼자서 또는 팀으로 어떤 성과를 이룰 수 있다는 자신감이 증가한다. 또 경영자와 동료들을 더 깊이 신뢰하고, 동기를 부여받고, 창의성과 협력이 촉진되며, 이직률이 낮아지고, 두려움 없이 도전할 수 있게 해 최종적으로 더 나은 성과를 가져온다.

신뢰는 또한 포용적인 직장 문화의 핵심 요소다. 심리적 권한위임psychological empowerment은 직무만족도, 조직헌신도, 작업 및 맥락적 성과와는 정비례하고 직원의 스트레스 및 이직 의사와는 반비례한다.[28] 직원이 성장해야 기업도 성장하는 법이다. 포용적인 문화는 단지 다양한 인재를 회사로 유치하는 것이 아니라 그 인재가 직원이 되고 나서도 자기 목소리를 낼 수 있으며, 자기 이야기를 다른 사람들이 들어줄 거라고 느끼게 해준다. 맥킨지의 연구에 따르면 포용적인 문화는 점차 조직의 경쟁우위 요소로 작용할 것이라고 한다. 이는 최고의 인재를 보유할 가능성을 높이고, 직원들이 서로 지원하도록 분위기를 조성하며, 직원들의 성과 수준을 높인다. 조직이 포용적인 문화를 갖추고 있으면 직원이 해당 조직에 머무를 가능성이 47% 증가하고, 직원이 나서서 다른 직원을 도와줄 가능성이 90% 증가한다고 한다. 또한 자기가 속한 조직의 성과가 좋다고 말할 확률도 일곱 배나 증가한다는 연구 결과가 있었다.[29]

기업에 입사하려는 직원들은 포용적이고, 다양성을 장려하며, 회사가 직원이 의견을 귀담아듣고 직원에게 권한을 부여하는 문화가 형성된 회사를 찾는다. 이러한 속성은 직원의 주인의식과 만족도에 상당한 영향을 미친다. 사람들은 자신이 하는 일이 중요하다고 느끼기를 원하는데, 신뢰를 중심으로 서로 도와주는 문화가 그것을 실현하는 가장 좋은 방법이다.

경영진의 책임

인사팀이 회사의 전반적인 비전을 논의할 자리를 마련하면 최고경영자는 직원들의 피드백을 정책에 반영해 임원들부터 직원경험을 우선시하도록 해야 한다. 경영진에게 직원경험에 대한 책임감과 주인의식이 부족하면 경영진과 직원 사이의 간극이 깊어진다.[30] 경영진이 책임을 다하려면 그 사업과 거기 종사하는 사람들에게 헌신해야 한다. 흔히 일이 힘들어서 떠나는 게 아니라 사람이 싫어서 직장을 떠난다고들 한다. 더구나 아무리 일이 좋고 회사가 좋아도 상사가 나쁘면 떠날 수도 있다.

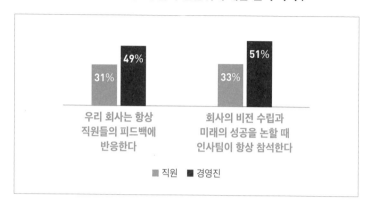

| 도표 3.12 **직원경험 우선순위에 대한 인식 차이** |

49% **51%**
31% **33%**

우리 회사는 항상
직원들의 피드백에
반응한다

회사의 비전 수립과
미래의 성공을 논할 때
인사팀이 항상 참석한다

■ 직원 ■ 경영진

고위 경영자의 직무에는 책임이 포함되어 있다. 책임진다는 것은 적극적으로 질문하고, 제안을 받아들이며, 특히 직원경험과 관련한 피드백을 받아들여 반영하는 것을 의미한다. 도표 3.12를 보면 알 수 있듯이 최고경영진의 거의 절반(49%)은 자기 기업이 직원의 피드백을 효과적으로 반영한다고 느끼지만 직원들은 겨우 31%만이 그렇게 느낀다.[31]

관리자들은 누가 직원경험을 책임질지 막막해한다. 만일 아무도 직원경험을 책임지지 않는다면 직원의 피드백에 누가 대응할까? 직원들에게서 배운 교훈을 누가 공유할까? 직원경험에 필요한 변화를 누가 지지할까? 직접적으로 책임지지 않으면 아무 일도 발생하지 않는다. 책임을 확립하는 데는 집단적인 노력이 필요하다. 그래서 일부 기업들은 아래와 같은 것을 만들었다.

- **경험자문위원회(EAB, Experience Advisory Board):** EAB는 다양한 부서 출신으로 구성하는데, 주로 관리자나 지원 부서의 직원보다는 고객과 직접 상호작용을 하는 직원을 선호한다. 이 위원회의 구성원은 별도의 의사소통 경로(슬랙 등의 기타 협업 도구)를 제공받아 EAB에서 나온 의견, 제안, 문제들을 기록하고 위원회 외부와도 협력한다. 전통적인 부서 이기주의를 타파하고, 보고 체계의 장벽을 허물며, 아이디어를 브레인스토밍하고, 새로운 의견을 도출해 경영진에게 직접 전달하는 것을 목표로 한다.

- **전문가조직(CoE, Center of Excellence):** CoE는 경영진, 핵심 부서(LOB, Lines of Business) 그리고 IT 부서 출신으로 구성한 팀이다. CoE는 특정 분야에서 지식의 결여나 기술적인 격차가 발생했을 때 조직에 최고의 실천 방법을 제공한다. 예컨대 CoE를 새로 설립해 새로운 CRM 시스템의 채택과 통합을 관리하는 식이다. 이 팀은 정기적으로 요구 사항의 평가를 수행하고, 시스템을 사용할 직원을 인터뷰하며, 부서 간의 의사소통을 열린 상태로 유지한다. CoE의 중요한 목표는 비효율성을 제거해서 직원들이 우수하게 업무를

할 수 있도록 도움을 주는 것이다.

- **직원자원모임(ERG, Employee Resource Group):** ERG는 직장 내에서 성향이 같거나 경험이 같은 사람끼리 모인 집단이다. ERG는 일반적으로 동료끼리 서로 지원을 제공하고, 경력개발을 강화하며, 직장 환경에서 개인적인 발전에 기여한다. ERG 구성원은 보통 자신이 속한 특정 분야에서 진행하는 사업에 어떤 일이 일어나고 있는지 파악하며 CEO에게 현장의 의견을 제공할 수 있다.

- **직원의 소리(VoE, Voice of the Employee):** VoE는 직원의 요구 사항, 필요 사항, 기대치 그리고 시스템이나 기술이나 프로세스의 성능 평가 등을 공식적인 방식으로 직접 수집하는 프로세스다. 이는 직접 관찰, 설문조사, 인터뷰, 표본 집단 조사, 데이터 또는 이전에 언급한 EAB, CoE, ERG와 같은 내부 집단을 통해서도 수집할 수 있다.

직원이 원하는 것과 필요한 것을 찾아내는 일이 어렵게 보일지 모르겠지만 꼭 그렇지만은 않으며, 이는 기업문화를 형성하는 데 매우 중요한 요소다. 앞에서 말한 이런 집단이나 절차는 최고경영진과 직원 간에 더 강력한 책임감을 불러일으키는 데 더욱더 공식적이고 체계적인 방법을 제공할 수 있다. 이러한 집단이나 절차가 하나라도 없다면 직원과 경영진 간의 연결이 끊어질 수 있다. 그렇게 되면 책임감도 없어진다.

목표의 일치

직원들의 가치관과 기업의 비전이 일치함을 말한다. 주인의식이 있는 직원은 조직의 비전을 곧 자기 가치관으로 삼는다. 이들은 자기 일에 열정적이며 매일 하는 업무에서 목적의식과 의미를 찾는다. 조직의 미래에 관심이 있으며 고객경험과 같은 중요한 성과지표에서 더 좋은 결과를 보여준다.

직원은 자기 가치관이 기업의 가치관과 같기를 바란다. 하지만 이를 달성하려면 기업은 조직을 이끄는 핵심 신념을 명확하게 밝혀야 한다. 그리고 더 중요한 점이 있는데, 경영진이 그 가치를 실천하는 모습을 명확히 보여줘야 한다는 것이다. 그렇지 않으면 아무리 훌륭한 비전선언문도 의미가 없다.

70%의 직원은 회사의 전략을 달성하는 데 가장 큰 장애물이 목표의 불일치라고 말한다.[32] 경영진이 분명한 목표를 설정하고 이를 기준으로 모든 사람이 매진하는 성과지표를 설정해야 한다. 그렇지 않으면 직원들은 무엇을 우선시해야 하는지, 왜 그래야 하는지 알 방법이 없다. 목표는 직원을 회사의 미션 또는 비전과 연결한다. 의미 있는 목표를 향해 나아가는 일은 직원에게

가장 큰 동기부여 요인이 되어준다.[33] 이것이 경영진이 직속 부하뿐만 아니라 조직 전체의 모든 사람과 더 잘 소통해야 하는 이유다. 장기적인 목표를 기준으로 직원의 목표를 일치시키는 회사는 더 높은 직원경험과 우수한 실행력을 경험하게 된다.

인정

직원의 성장을 촉진하고 장려하고자 기업은 내부 자원을 효율적으로 할당해야 한다. 그러면 직원들은 자신이 존중받는다는 느낌을 받으며 회사의 성공에 없어서는 안 될 요소라고 생각하게 된다.

회사에 들어와서 같은 역할과 직책 그리고 동일한 급여에 영원히 머무르려는 사람은 없다. 모두 자신의 우수한 업무 능력을 인정받고 보상받을 수 있는 환경을 찾는다. 성공을 위해 회사가 직원에게 기대하는 바가 명확하고, 이를 실현할 도구까지 있는 곳을 찾으면 그 사람에게 그곳은 '단순한 직장'이 아니라 경력을 쌓고 새로운 기술을 배우며 평생의 친구를 사귀는 영혼의 일터가 될 것이다.

뛰어난 성과를 인정해 주는 것은 적은 비용으로 상당한 동기부여가 가능하며 직원의 주인의식을 크게 높인다. 직원들은 진정으로 열심히 일하고 회사와 함께하기를 바람으로써 이에 보답한다. 경영컨설팅 회사인 콘페리^{Korn Ferry}는 직원들이 인정이야말로 '아주 의미 있는 보상'으로 뽑았다고 밝혔다.[34] 회사가 직원을 인정해 줄 때 생산성이 높아지고 이직률은 감소했으며 긍정적인 직장 분위기가 형성되었다. 그러므로 인재를 보유하려면 직원들이 존중받는다고 느끼도록 하는 것이 매우 중요하다.

'세계 최고의 직장' 세일즈포스가
만든 가장 특별한 부서

문화는 살아 숨 쉬는 유기체로서 매일 보살피고 돌봐야 한다. 내버려둬도 알아서 클 것으로 생각해서는 안 된다. 성장을 촉진하는 기업문화를 육성하려면 위의 다섯 가지 요소를 지속적으로 관리해야 한다. 어느 하나라도 놓치면 직원경험이 위태로워질 수 있다. 그리고 만약 모든 요소를 오랜 기간 방치하면 나중에는 시스템마저 무너질 수 있음을 기억해야 한다.

세일즈포스가 《포춘》의 '가장 일하고 싶은 기업 100곳'에 14년 연속으로 선정되고, 글로벌 컨설팅 회사인 '일하기좋은기업^{Great Place to Work}'에서 '세계 최고의 직장'으로 선정된 비결은 다름 아닌 '살아 숨 쉬는 문화에 대한 관리' 덕분일 것이다. 세일즈포스는 세계 최고의 직장으로 남으려면 직원경험을 계속 발전시켜야 한다는 것을 알고 있다. 고용주와 직원의 계약 관계는 계속해서 달라지고 있고, 노동 시장 또한 점점 경쟁적으로 바뀌는 등 직장 내 역학관계는 계속 변화하고 있기에 지금까지 기업의 성장을 이끌어온 것들이 앞으로도 유효하지는 못할 것이다. 뛰어난 경험을 얻어내려면 지속적인 개선과 반복이 필요하다. 긍정적인 직원경험을 창출하려면 더 체계화하되 개인 맞춤형 방식으로, 즉 완전히 혁신적인 방식으로 접근해야 한다.

그래서 세일즈포스에는 새롭게 구성한 '직원경험팀'이 등장했다. 이 팀은 지속적으로 직원들의 요구를 파악하고, 이를 기반으로 우리가 직원들에게 제공하는 경험을 개선하고 반복하는 일을 한다. 이것이 왜 그렇게 중요할까? 직원들이야말로 고객과 동료에게 의미 있는 경험을 제공하는 가장 중요한 수단이기 때문이다. 만약 직원의 요구가 먼저 충족되지 않는다면 그들이 고객을 위해 최선을 다하기 어려울 것이다.

그래서 인력을 채용해서 직원경험팀을 구성하기 전에 고객을 가장 잘 아는 사람, 즉 사내의 고객성공팀Customer Success Group을 참조했다. 이 고객성공팀으로부터 유사한 작업을 어떻게 처리하는지 배운 것이다. 고객성공팀이 고객경험이 쉽고 원활하게 이루어지도록 노력하듯 직원경험팀도 간결하고 개인화되었으며, 세일즈포스만의 독특한 느낌까지 줄 수 있는 직원경험을 설계하고 제공하고자 존재한다. 이 역시 결국은 더 나은 사업 성과를 달성하려는 노력이다.

간결하고 개인화된 경험은 직원의 성공에 필수적이다. 결국 직원은 직장 바깥에서는 자신을 개인으로 인식하고 자신들의 필요를 충족하는 기술이나 앱과 상호작용을 한다. 하지만 직장에서 겪는 경험은 매우 다를 수 있다. 개인 생활과 직장 생활 간의 디지털 격차는 직원을 성장하게 만드는 혁신과 고객성공(customer success: 고객의 요구나 질문을 예상하고 적극적으로 해결 방안과 답변을 제공하는 것-옮긴이)을 추구하려는 욕구를 방해한다.

이를 해결하고자 세일즈포스는 고객경험팀을 '서비스디자인service design'을 전문으로 하는 사람들로 구성했다. 서비스디자인이란 '공감'을 출발점으로 삼아 인간중심디자인human-centered design을 기반으로 고객과 직원을 위한 경험을 보다 잘 조율하도록 설계하는 방식이다. 사실 서비스디자인은 사고방식이자 방법이며 일련의 도구로서 사용자(고객과 직원)뿐 아니라 모든 사람과 시스템 그리고 그 특정 생태계에서 발생하는 모든 상호작용을 고려하는 것이다.

따라서 여기 세일즈포스에서 그 생태계는 방대하다. 세일즈포스의 직원경험팀은 직원성공Employee Success팀 내에서 활동하며 조직 전반에 걸쳐 서비스디자인 사고방식과 역량을 구축하고자 적극적으로 활동한다. 또한 직원경험팀은 조직 전반의 임원진과 협력해 완전히 새롭고 재설계된 경험을 위해 서비스디자인 방식을 적용한다. 이 종합적인 접근 방식은 직원경험팀이 범위를 확장하고 올바른 방식으로 작업을 진행하도록 보장한다. 이 방식은 여러 각도에서 서비스를 고려하기에, 유용하고 효율적이며 바람직한 결과를 낳는다.

세일즈포스는 직원에게 일할 곳을 선택할 권리가 있다는 것을 안다. 따라서 그들과 계속 일하고 최고의 인재를 유치하기를 원한다면 계속해서 최고의 직원경험을 창출하고 진화시켜야 한다는 것을 알고 있다.

[CASE STUDY]

폭스바겐

잘못된 기업문화가 야기한
디젤 스캔들

2007년 폭스바겐Volkswagen의 CEO로 취임한 마르틴 빈터코른 Martin Winterkorn은 '연간 1000만 대 이상의 자동차를 판매해 세계 최대의 자동차 제조업체로 거듭나겠다'는 계획을 발표했다.[35] 이는 빈터코른이 취임했을 당시 판매량의 세 배에 해당한다. 야심 차고 원대한 성장 목표를 세우는 것 자체는 아무런 문제가 없다. 하지만 그러한 목표를 달성하려면 설사 비윤리적인 행동이라도 기꺼이 해야 한다는 문화가 조성된다면 이는 분명한 문제다. 그리고 실제로 문제가 발생했다.

2015년 세계 3위의 자동차 제조사였던 폭스바겐은 '정부의 배기가스 검사를 통과하려고 전 세계적으로 약 1100만 대의 디젤 차량에 소프트웨어를 조작했다'고 시인했다.[36] 이는 폭스바겐 역사상 가장 큰 스캔들이었으며,[37] 결국 이 전설적인 자동차 제조사는 370억 달러(약 50조 원) 이상의 자동차 개조 비용, 벌금 및 소송 비용을 치르게 되었다. 이에 따른 후폭풍은 엄청났으며 독일 경제 역사상 가장 철저한 기업 조사로 이어졌다.

전 세계의 규제 기관 역시 조사를 시작했다. 폭스바겐은 2015년형 모델의 판매를 중단했다. CEO는 기소되어 사퇴했으며, 다섯 명의 다른 폭스바겐 임원도 범죄 공모 및 사기 혐의로 기소되었다. 회사 직원들은 엄청난 비난을 받았으며, 폭스바겐 주가는 급락했다.

규제 기관의 조사 결과, 폭스바겐의 기술진은 해고나 퇴직 종용 같은 보복이 두려워 경영자에게 반대를 표시하거나 잘못을 인정하기 어려운 분위기였다는 것이 드러났다. 결국 엔지니어들은 회사의 공격적인 성장 목표를 달성하려면 정당한 절차를 생략하고 시스템을 속이는 수밖에 없다는 잘못된 결론을 내릴 수밖에 없었다.

폭스바겐의 살벌한 경영 방식 때문에[38] 관리자들은 차량이 배기가스 기준을 충족하지 못했을 때 이를 정직하게 밝히는 대신 불법 배출을 숨겨야 했다. 이러한 속임수가 2015년에 드러나

자 새로운 회장 한스 디터 푀치^{Hans Dieter Pötsch}와 신임 최고경영자 마티아스 뮐러^{Matthias Müller}는 기자회견을 자청했다. 여기서 푀치 회장은 "실수는 단 한 번이 아니라 끊이지 않고 발생했습니다.[39] 일부 프로세스에 문제가 있었던 게 사실입니다"라고 설명했다.[40]

이러한 속임수의 원인은 "직원 개개인의 잘못된 행동과 불성실, 이러한 사기를 감지할 능력이 없는 내부 프로세스 그리고 회사의 일부 부서에서 규칙 위반을 용인하는 사고방식"[41]이었다고 회장은 말했다. 그러나 뮐러의 의견은 달랐다. "이 위기는 회사에 오랫동안 필요했던 구조적 변화를 이룰 기회였습니다.[42] 올해 초에 폭스바겐그룹 경영진은 새로운 인원 여섯 명을 영입했으며, 폭스바겐의 열두 개 브랜드 중 일곱 개 브랜드의 최고경영진을 교체했습니다"라고 그는 말했다. 즉, 기업문화의 부흥 없이는 회사의 미래가 위험하다는 뜻이었다.

2020년대가 되었다. 65만 명에 달하는 엄청난 조직에서 기업문화가 변화한 결과를 보기에는 아직 너무 이르지만 진전이 이루어지기는 했다. 2020년 9월 온라인 주주총회에서 최고경영자 헤르베르트 디스^{Herbert Diess}는 이 사건으로 폭스바겐에 변화가 생겼다고 말했다. 디스는 "우리의 목표는 더 높은 투명성, 더 개방적인 토론 문화, 더 높은 수준의 책임감 그리고 오류에 대한 더 큰 관용성입니다"[43]라고 말했다.

지금은 새로운 경영진으로 바뀌었고, 미국 규제 기관의 요청에 따라 규제감시위원회가 미국 환경보호청(EPA, Environmental Protection Agency)의 기준과 대기청정법Clean Air Act를 준수하는지 감독한다. 위원회는 조직과 기업문화를 개선하고자 여러 가지를 제안했으며 위험 기반 준수 프로그램과 직장 문화 개선을 위한 교육 프로그램도 마련했다.[44]

폭스바겐은 판매와 마케팅 같은 여러 부서에 전담 준법 담당자를 임명했다.[45] 또한 직원들이 준법 기준과 인사 및 법률 문제에 대해 상담이 필요할 때 이용할 수 있는 시스템을 구축했다. 그리고 이렇게 각 분야에서 수집한 질문을 향후 직원용 교육 프로그램 설계에 활용했다. 《월스트리트저널》은 '폭스바겐이 기업규제준수위원회와 인사운영위원회를 설립했으며 전 세계적으로 정직성과 규제 준수 프로그램을 감독하기 위한 글로벌 조직을 도입했고 브랜드별로 행동 규범을 발표했다. 또한 윤리와 규제 준수에 관한 직원 설문조사 결과도 발행했다'고 보도했다.[46]

기업문화는
직원을 넘어서 고객에게 흘러간다

폭스바겐은 디젤 스캔들이 터지자 법적인 문제는 말할 것도 없고 브랜드에 엄청난 타격을 입었다. 회사는 '클린 엔진'과 관련한 모든 광고를 중단했다. 브랜드 인지도는 불과 일주일 만에 서른두 개 자동차 업체 중 3위에서 31위로 떨어졌고,[47] CEO가 사임하고 여러 차례 사과문을 발표했는데도 폭스바겐은 '지구상에서 가장 싫어하는 브랜드'로 꼽히게 되었다.[48]

《컨슈머 리포트》에 따르면 전 세계적으로는 약 1100만 대의 차량, 영국에서만 최소 120만 대 이상의 디젤 차량이 배기가스 검사를 속이고 통과하도록 조작되었다고 추정한다.[49] 이 때문에 수백만 명의 고객은 순식간에 폭스바겐 브랜드에 대한 신뢰를 잃었으며, 이를 회복하는 데 얼마나 시간이 걸릴지 몰랐다. 그래도 폭스바겐은 고객의 신뢰를 되찾기로 마음먹었다. 회사는 이미지를 쇄신하고자 65억 유로(약 9조 6000억 원)의 예비 비용을 책정해 필요한 서비스 조치와 기타 노력을 지원하기 시작했다.[50]

폭스바겐은 스캔들이 터지고 나서 처음으로 내보내는 광고에서 "우리는 차량에서 가장 중요한 부분을 깨뜨렸습니다. 그것은 고객의 신뢰입니다. 이제 우리의 최우선 과제는 그 신뢰를 되찾는 것입니다"라고 말했다.[51] 더 나아가 이 광고는 스캔들로 영향을 받은 모든 고객에게 개별적으로 연락할 것을 약속하며 폭스바겐과 피해를 본 사람들의 관계를 재구축하려 했다.

폭스바겐에서는 무슨 수를 써서라도 시장에서 승리해야 한다는 분위기 탓에 이런 비도덕적인 행위가 자연스럽게 이루어졌다. 직원들은 자기 목소리를 낼 방법이 없었고, 중간관리자들은 현실적이지 않은 경영진의 기대에 반발하지 못했다. 폭스바겐의 경영진은 위험한 기업문화를 조장했고, 그 때문에 회사 전체가 대가를 치르게 된 것이다.

우리는 기업문화의 영향에 대해 이야기할 때 주로 그 대상을 '내부고객'인 직원에게만 한정하지, 그것이 외부의 사람들에게 어떤 영향을 미치는지는 고려하지 않는 경향이 있다. 과연 고객이나 다른 외부 이해관계자가 기업의 문화를 어떻게 생각하는지가 중요할까? 사실 그렇다. 연구에 따르면 고객이 구매를 결정하는 데 영향을 미치는 몇 가지 기업의 행동이 있다고 한다. 물론 고객이 이런 요소만으로 구매를 단정한다고 말할 수는 없지만 이는 고객 역시 기업의 문화에 주목한다는 것을 시사한다. 도표 3.13에서 볼 수 있듯이 고객은 회사가 자신을 대하는 것만큼이나 직원을 어떻게 대우하는지도 중요하게 생각한다.

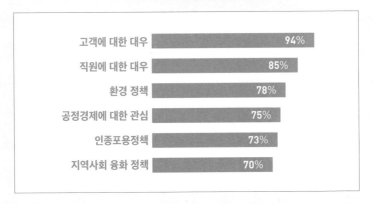

고객에 대한 대우 **94%**
직원에 대한 대우 **85%**
환경 정책 **78%**
공정경제에 대한 관심 **75%**
인종포용정책 **73%**
지역사회 융화 정책 **70%**

문화는 단지 경영의 일부가 아니라 경영의 본질이다. 문화를 제대로 받아들인 직원은 아무도 보지 않을 때라도 올바른 결정을 내린다. 그것이 문화가 미치는 영향이다. 직원은 지시를 받아서가 아니라 회사의 문화가 그들에게 기대하는 바를 알려주므로 똑바로 행동하는 것이다. 이렇게 명확한 운영 기준에 기반한 문화를 육성하면 어떤 변화도 이겨내는 조직을 유지할 수 있을 것이다.

이러한 경험중심적 사고방식으로 전환하는 일이 하루아침에 이루어지는 것도 아니고 쉽지도 않다. 체계적인 통솔력, 헌신 그리고 인내가 필요하다. 그러나 연구 결과가 명백히 보여주듯 변화는 가능하며, 그 노력이 기대 이상의 가치로 되돌아올 것이다.

- 기업의 사명과 비전선언문은 무엇인가?

  _____

  _____

- 가장 최근에 언제 직원의 목표와 회사의 목표가 일치하는지를 점검했
  는가?

  _____

  _____

- 기업이 직원과 맺은 약속을 잘 지키고 있는가? 최고경영자로서 그리고
  개인으로서 한 약속을 모두 포함한다.

  _____

  _____

- 직원은 회사가 자신에게 한 약속을 잘 지키고 있다고 생각하는가? 최
  고경영자로서 그리고 개인으로서 한 약속을 모두 포함한다.

  _____

  _____

고객경험과 직원경험 개선에 필요한 지표들

쉬운 방식으로 해서 중요한 것을 놓치는 측정은 의미가 없다.
-세스 고딘[Seth Godin][1]

기업이 고객 관련 데이터를 파악하고 분석하는 데는 많은 진전을 이루었지만, 직원 관련 데이터를 다루는 능력은 여전히 부족하다. 기업은 데이터를 통해 객관적이면서도 솔직한 방식으로 직원의 생각을 수집해야 한다. 결과가 아주 마음에 안 들더라도 말이다.

직원경험의 전반적인 측면을 측정하고 더 나아가 직원추천지수, 직장 평가 사이트 글라스도어의 평가 지수, 이직률 및 근속률 통계 그리고 직원건강지수를 포함해 더 공식화된 핵심성과지표(KPI)까지 활용하는 기업은 거의 없다. 경영진은 중요한 순간에 직원과 고객이 들이는 노력을 어떻게 측정해야 할지 거의 알지 못한다.

직원경험과 고객경험의 선순환 경로를 측정할 수 있는 단 하나의 지표 같은 건 없지만, 함께 추적할 수는 있다. 조직의 자료 수집 및 가공 능력을 감안해 가장 적합한 지표를 정하려면 사전 작업이 필요하다. 이 장에서 언급하는 지표들을 시작점으로 이용할 수도 있을 것이다. 업계에서 이미 사용하는 몇 가지 지표를 선택하거나 쉽게 적용할 수 있는 지표를 선택해서 기준 범위 내 어디에 들어가야 고객경험과 직원경험의 상승효과를 최대화할 수 있는지를 파악해 보자. 쉽게 시작할 수 있는 방법은 전체적인 관점에서가 아니라 특정 영역에서 제공하는 지표를 보고 빠르게 데이터를 분석해서 PPTC의 효과를 측정하는 것이다. 그런 다음 필요에 따라 조정할 방법을 찾으면 된다.

선행지표를
간과해서는 안 된다

많은 기업이 직원경험과 고객경험을 제대로 제공하지 못하고 있었다는 것을 깨닫고 나면 보통 똑같은 실수를 저지른다. 문제의 발생 원인을 정확히 파악하지도 못한 채 무작정 문제를 해결하려고 드는 것이다. 아무런 데이터 없이는 문제의 원인을 파악할 수 없는데도 기업은 자꾸만 중요한 결정을 내린다. 그러나 원인 진단 없이 증상에만 집중하면 기업은 실제 문제를 놓치게 되고, 문제는 계속해서 발생한다. 대다수 경영진이 시스템적인 문제를 발견할 수 있는 선행지표input metrics 대신 KPI 같은 후행지표output metrics에만 집중한다. 이를테면 다음과 같은 질문이다.

- 가장 많이 팔리는 제품은 무엇인가?
- 콜센터는 하루 몇 건의 고객 전화를 처리하는가?
- 첫 번째 통화에서 해결되는 고객 전화의 비율은 얼마인가?
- 평균 판매 성공률은 얼마인가?
- 마케팅이 매일/주간/월간으로 생성하는 잠재고객의 수는 얼마나 되는가?
- 분기별 고객 확보/이탈 건수는 얼마나 되는가?

이러한 후행지표는 기준을 확립하는 데 중요하다. 이를 기준으로 진행 상황을 측정하고, 예산을 결정하며, 자원을 분배한다. 그러나 이러한 지표는 숨겨진 성과 변수(영역, 부서, 경로)와 근본적인 문제를 드러내지 않으며 미래가 아닌 과거를 평가하는 잘

못을 저지른다. 이러한 접근 방식은 추가적인 자료와 분석 없이는 무엇이 효과가 있고 무엇이 없는지에 대한 전체적인 그림을 제공할 수 없다.

예를 들어 콜센터가 처리하는 고객 전화 건수를 묻는 대신 '고객이 불만을 품고 전화하는 3대 요인은 무엇인가?'라고 물어보면 어떨까? 이렇게 질문하면 고객이 전화를 걸기 전, 채팅을 시작하기 전, 이메일을 보내기 전에 그러한 문제를 적극적으로 해결할 방법을 찾을 수 있다. 이렇게 하면 전체적인 통화량은 물론 고객과 직원의 수고도 줄어든다. 콜센터 직원은 이제 같은 질문에 반복적으로 대답하지 않아도 될 것이고, 고객도 문제를 해결하려고 긴 대기 시간과 상담원 사이를 오가지 않아도 되므로 직원경험과 고객경험 모두 개선된다. 선행지표와 후행지표를 균형 있게 조율하지 않으면 장기적으로 전략적인 성공을 유지하기 어려울 수 있다.

당신의 조직은
적절한 KPI를 설정하고 있는가?

도표 A에 표시된 것처럼 경영진은 조직의 장기적 목표가 어떻게 진행되고 있는지 상황을 파악하고자 다양한 결과 위주의 지표를 추적·관찰한다. 그러나 이러한 지표들이 좋아진다고 해서 CEO의 연간 성과 상여금이나 보상이 높아지는 것은 아니다. 다시 말해 아무리 임원진이 좋은 직원경험을 제공하는 것이 전체 회사의 최우선 목표라고 주장하고, 고객경험과 직원경험이 회사의 손익에 미치는 중요성을 절실하게 느낀다고 하더라도 고객경험과 직원경험 지표는 임원진의 급여 인상과 상관이 없다는 뜻이다.

| 도표 A **여전히 실적 위주로 수립되는 기업 전략** |

고객만족지수, 직원몰입지수, 자동화 및 디지털화 지수
지표가 반영되어 있는 비율.[2]

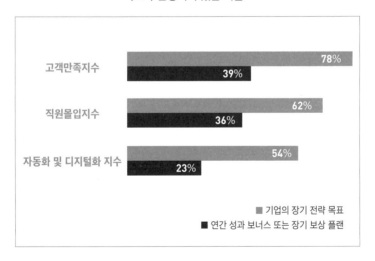

만약 KPI 측정 결과가 직원, 특히 경영진의 급여와 연결되지 않는다면 고객경험과 직원경험의 개선을 기대하기는 힘들다. 예를 들어 콜센터 상담 직원의 상여금을 '고객과 통화 시간이 얼마나 짧은가'라는 지표를 기준으로 책정한다면 그들의 응대에서 최상의 고객경험을 기대하기는 어려울 것이다. 그 대신 해당 지표를 충족하는 행동에 집중할 것이다. 그 결과 모든 지표가 좋아지는 것처럼 보여도 실제로는 고객경험이 나빠질 수 있다. 동시에 이런 형태의 보상 정책은 상담 직원이 통화를 서둘러 끝내려고 할 때마다 고객은 부정적인 경험을 하게 되고, 이 때문에 직원경험 역시 나빠질 수도 있다.

이런 불일치는 결국 직원과 고객에게 모두 나쁜 경험을 남긴다. 직원에게도 이롭고 고객에게도 도움이 되며 회사 전체로도 이익을 남길 수 있도록 균형이 맞는 지표를 채택해야 한다. 하지만 지표가 아무리 좋아도 때로는 직원이 훌륭한 고객경험을 제공하고자 '뛰어난' KPI에서 벗어나야 할 수도 있다. 예를 들어 통화 응대 시간이 길어지는 한이 있더라도 고객을 위하는 일을 했을 때 직원이 불이익을 받아서는 안 된다. 이러한 유연성을 허용함으로써 직원은 고객에게 더 좋은 경험을 제공하면서 자신도 더 나은 경험을 누릴 수 있다. 앞서 살펴본 자포스의 사례처럼 생산성 지표를 걱정하지 않고 자기 업무를 제대로 수행할 수 있는 것이다. 모든 지표는 중요한 순간이 닥쳤을 때 직원의 자율성을 허용해야 한다.

물론 KPI는 어떤 기업에도 중요하고 필수적이지만 무엇을, 왜 추구하는지를 명확히 알아야 한다. PPTC 프레임워크가 보여주듯 좋건 나쁘건 프로세스는 모두 장기적인 성공에 상당한 영향을 미칠 수 있다. 따라서 장기적인 성공과 운영상의 변화를 위한 추가적인 방법으로 프로세스 효과성 지표process effectiveness metrics의 도입을 고려하는 것이 중요하다.

프로세스 지표는 경영과정business process 각 단계의 효과성에 대해 귀중한 정보를 제공한다. 이 지표를 통해 전체 프로세스를 방해하는 문제점을 직접 파악할 수 있다. 특히 높은 효과를 발휘하는 분야는 시간(프로세스 소요 시간), 비용(프로세스 완료에 소요되는 경비 또는 인건비) 그리고 품질(제품의 불량률) 등이다. 일단 프로세스 지표를 설정하고 나서는 이를 고객만족도, 순고객추천지수, 직원참여도 그리고 생산성과 같은 일련의 주요 KPI와 같은 성질의 것으로 묶어야 한다. 실질적인 비즈니스 가치를 제공하는 여러 가지 KPI들은 기업의 전반적인 성과와 건강상태를 이해하는 데 도움을 준다. 이러한 정보를 통해 필요한 조정 작업을 수행하면 구색을 맞추기 위해 '적당히 정한 목표'를 달성하는 것이 아니라 공식적으로 기업이 발표한 목표를 달성할 수 있다.

예를 들어 콜센터 직원의 교육에 상당한 자원을 투자했다고 가정해 보자. 새로운 시스템과 도구를 사용하는 데 점점 자신감이 생기며 직원의 만족도는 개선되었지만 고객만족도점수는 사실 약간 하락했다. 더 자세히 분석해 보니 최근 인원이 변경되어서 처음에 전화를 받는 직원이 기술지원 부서로 고객의 전화를 돌리는 데 시간이 예상보다 두 배나 걸렸다는 프로세스 지표를 확인할 수 있었다. 콜센터 직원이 적절한 훈련을 받았고 장비 또한 갖춰졌지만 별도의 문제(인원) 때문에 고객은 개선된 경험을 하지 못한 것이다.

시스템에 인원이 변경되었다는 내용이 업데이트되지 않아 기존 프로세스가 통화량을 수용할 수 없었다. 이 때문에 콜센터의 두 부분 사이에 문제가 발생했고 통화 연결이 지연되었으며 고객만족도가 낮아졌다. 만약 직원 기반 지표, 고객 기반 지표 그리고 프로세스 지표를 동시에 추적·관찰하지 않았다면 왜 이런 일이 발생했는지 원인을 파악하기가 어려웠을 것이다. 이것이 PPTC부터 시작하기를 제안하는 이유다. 기본 프로세스가 무너지면 다른 부분에서 진행하는 개선에도 타격을 줄 수 있다.

고객경험 지표
네 가지

고객경험을 개선하고자 고객여정지도 작성, 고객 의견 수집, 웹사이트 추적 또는 A/B 테스트와 같은 고객경험 프로젝트를 설계하고 추적·관찰하며 관리하는 데는 기술이 분명 도움이 된다. 그러나 준비 없이 기술을 사용하면 오히려 경험을 개선하는 과정을 너무 복잡하게 할 수도 있다.

데이터에 대한 수요는 분명히 존재한다. 미국 고객경험관리 시장의 규모는 2021년에 이미 29억 달러(약 4조 원)에 달했으며,[3] 2022년부터 2030년까지 연평균 15.3% 성장할 것으로 예상된다. 그러나 무턱대고 모든 지표를 추적하면 불필요한 세부 사항이 의사결정을 혼란스럽게 하며, 시간과 노력이 낭비된다. 또한 경영진이 데이터 속에 숨겨진, 영향력이 높은 항목에 오히려 집중하지 못하게 된다.

고객경험에 통찰력을 제공할 수 있는 지표는 50가지 이상 있지만, 그중에서도 다음의 네 가지는 필수적이다. 각 지표는 고객경험의 다른 측면을 보여주므로 개선 기회를 찾는다면 우선 이 지표들부터 고려해 보기를 바란다.

순고객추천지수(NPS)

2003년에 컨설팅업체인 베인앤드컴퍼니Bain & Company의 동업자 프레드 라이켈트Fred Reichheld는 고객경험의 영향을 직접 측정하는 방법을 고안했는데, 그것이 바로 순고객추천지수(NPS, Net Promoter Score)다. NPS는 조직이 얼마나 충성고객을 잘 만들어내는지 측정하며, 고객에게 약속한 것을 잘 지키는지를 한 자리 숫자로 나타낸다. 다시 말해 NPS는 신규 고객과 재구매 고객이 발생할 가능성을 측정한다.

고객에게 1부터 10까지의 범위 내에서 가족, 친구 또는 동업자에게 회사를 추천할 가능성을 물어 지표를 측정한다. 6점 이하를 주는 고객은 '비추천고객detractors'으로, 7점 또는 8점을 주는 고객은 '중립고객passives'으로, 9점 또는 10점을 주는 고객은 '추천고객promoters'으로 분류한다. NPS는 추천고객의 비율에서 비추천고객의 비율을 뺀 값이며,[4] 점수는 -100부터 +100까지 범위 내에서 백분율이 아니라 숫자로 표시된다. 이때 중립고객의 비율은 계산에 포함하지 않는다. 예를 들어 100명의 응답자 중 50%가 추천고객이고 20%가 비추천고객이라면 NPS 점수는 30이 된다.

순고객추천지수 = 추천고객 비율(%) − 비추천고객 비율(%)

고객충성도를 발생시키는 요인의 3분의 2는 고객경험으로서 이는 브랜드와 가격 요인을 합친 것보다 더 많다.[5] 또한 NPS에 서 추천고객의 고객생애가치customer lifetime value는 비추천고객보 다 600%에서 1400%까지 더 높다.[6] 그러므로 NPS는 의심할 여 지 없이 중요한 지표다. NPS가 0보다 큰 양수이면 모두 좋은 것 으로 간주한다.[7] 왜냐하면 양수는 음수보다 고객이 더 충성스럽 다는 의미이기 때문이다. 20보다 높은 점수는 '긍정적favorable'으 로 간주하며 50보다 높은 점수는 '우수excellent'로, 80 이상은 '최 상급world-class'으로 평가한다. 단순히 브랜드의 건강상태를 평가 하고 전반적인 고객만족도를 측정하는 것 외에도 NPS는 기업 의 성장 가능성, 판매량, 현금흐름을 예측하는 데 유용하다.

NPS 점수에 대해 설명하면 어떤 산업(B2B 및 B2C)이 NPS 점 수가 좋은지, '내가 속한' 산업의 평균 점수는 얼마인지 등을 주 로 질문한다. 설문조사 기관인 클리얼리레이티드ClearlyRated의 2022년 연간 산업 기준 연구에 따르면 전반적인 만족도에 기반 한 B2B 서비스업체의 NPS 점수는 도표 B와 같다.[8]

| 도표 B **B2B 기업의 2022년 NPS[9]** |

산업 분야	평균 점수	추천고객 비율	중립고객 비율	비추천 고객 비율	NPS
건축	8.21	50%	36%	14%	36
B2B 소프트웨어	8.38	56%	33%	11%	45
금융업	8.36	54%	34%	12%	43
건물 관리	8.18	54%	34%	12%	35
상업용 건축	8.16	47%	38%	15%	33
상업용 인쇄	7.83	39%	46%	15%	23
상업용 부동산	8.09	47%	36%	17%	30
디자인 서비스	8.71	67%	27%	7%	60
엔지니어링	8.44	57%	31%	12%	46
인사 서비스	8.22	49%	38%	13%	37
보험	8.31	53%	36%	11%	42
IT 서비스	8.32	57%	30%	13%	44
경영컨설팅	8.24	48%	41%	11%	37
제조업	8.49	58%	31%	11%	47
마케팅 /광고대행사	8.39	51%	40%	9%	42
기타 B2B 서비스	8.30	52%	36%	12%	40
소프트웨어 개발	8.39	56%	33%	11%	46

특이하게도 '우수' 서비스에 해당하는 국제적 기준(50)을 충족하는 산업은 단 한 개(디자인 서비스)뿐이다. 각 산업의 이런 숫자들은 B2B 기업이 제공하는 서비스의 품질이 아직 고객이 만족할 만한 기준에 미치지 못함을 보여준다. 그러니 B2B 산업이 '우수' 수준에 도달하려면 아직 멀었다.

이제 B2C 기업의 NPS 평균을 살펴보자. 도표 C는 B2C 산업에서는 평균 NPS 점수가 50을 넘을 수 있다는 것을 보여준다. 단 한 번의 부정적인 경험만으로 잠재적인 추천고객이 비추천고객으로 바뀔 수 있으므로 B2B 기업들은 고객과 상호작용을 하는 데 세심한 주의를 기울이며 변화에 빠르게 대응하는 방법을 배운 것이다.

| 도표 C 2022년 B2C 기업의 NPS 점수[10] |

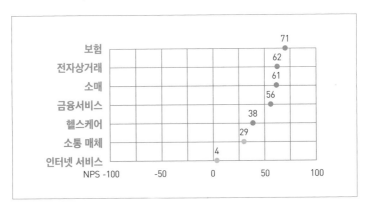

고객만족도점수(CSAT)

어떤 기업과 생긴 경험은 고객의 기억에 3개월 동안 남는다.[11]
그 경험에 만족했다면 고객은 계속해서 돌아올 것이다. 따라서
특정 제품이나 서비스에 대한 고객만족도를 측정하는 것이 목
표라면 고객만족도점수(CSAT, Customer Satisfaction Score)가 가장
적합한 지표일 수 있다. CSAT를 측정하려면 먼저 고객을 조사
해 그들의 만족도를 파악하고 나서 긍정적인 응답자 수(5점 만점
에 4점 이상 준 고객)를 전체 응답자 수로 나누어 계산한다.[12] 그리
고 그 결과에 100을 곱하면 된다. 예를 들어 50명이 응답했는데
그중 30명이 긍정적이었다면 CSAT는 60%가 될 것이다.

고객만족도점수 = (긍정적인 응답자 수 ÷ 전체 응답자 수)
× 100

CSAT는 고객과의 상호작용에서 고객의 반응을 파악하는 데
효과가 있다. 예를 들어 고객이 콜센터 직원과 통화하거나 기업
자체의 홈페이지나 플랫폼을 통해 회사와 접촉할 때처럼 말이
다. 고객서비스나 마케팅 부서의 중역들은 종종 고객경험 정책
변화의 효과를 검증하거나 예산 및 인력 확충의 필요성을 주장
하는 데 이 지표를 활용한다.

고객노력점수(CES)

고객노력점수(CES, Customer Effort Score)는 고객이 회사에 어떤 요구를 했을 때 그를 충족하기 위해 얼마나 큰 노력을 기울여야 하는지를 나타내는 지표로, 컨설팅업체인 코퍼릿이그제큐티브 보드(CEB, Corporate Executive Board)가 2010년에 도입했다. 이 지표의 개념은 간단하지만 효과가 강력하다. 1점부터 7점까지의 범위 내에서(1점은 최고 수준의 불만) 고객에게 '오늘 문제를 해결하는 데 얼마나 쉬웠나요?'[13] 또는 '불만을 처리하려고 얼마나 큰 노력을 기울였나요?'[14] 같은 질문을 던진다. 이러한 방식의 근저에는 '고객충성도에 가장 강한 영향을 미치는 요인은 고객의 노력이다'라는 사고방식이 깔려 있다.

CES는 회사가 문제를 쉽게 해결할 수 있게 했다는 데 '어느 정도 동의'한 고객(7점 만점에서 5점 이상을 준 고객)의 비율로 결정된다. CES는 고객이 준 점수의 합계를 응답 수로 나눈 것과 같다. 예를 들어 고객 50명을 조사했는데 고객에게 받은 점수의 합이 150이었다면 CES는 3이다. CES 점수가 5 이상이면 좋은 점수로 평가한다.

고객노력점수 = 응답자 점수의 합 ÷ 전체 응답자 수

CES는 정기적으로 추적·관찰할 때 특히 강력한 지표다. 예를 들어 고객서비스 조직은 CES를 사용해 고객이 상호작용을 할 때 가장 힘들어하는 지점을 파악할 수 있다. 물론 반복적인 통화, 담당자 떠넘기기, 소통 창구 변경 같은 운영상의 지표도 이용한다. CES는 고객충성도를 예측하는 데 CSAT보다 40% 더 정확하다.[15]

고객노력지수(CEI)

회사와 소통하는 데 고객이 얼마나 노력해야 하는지를 더 깊이 파악하고 싶다면 자체적으로 고객노력지수(CEI, Customer Effort Index)를 만들어볼 수 있다. 아래와 같은 질문을 해보라.

- 불만을 처리하려고 회사와 몇 번이나 접촉했나요?
- 여러 접촉 창구 중 몇 가지를 이용했나요?
- 간단한 일을 처리하고자 고객서비스 담당자와 몇 번이나 통화했나요?

이런 추가적인 질문을 활용하면 맞춤형 CEI를 생성할 수 있다. 그런 다음에는 해당 점수를 고객과 접촉한 담당 직원과 연결해서 그 직원의 개별적인 성과를 더 정확하게 측정할 수 있다.

이는 여러 가지가 뒤섞인 지표로는 잘 보이지 않는 실제 상황을 더 잘 파악할 수 있게 해준다. 이러한 정보를 바탕으로 필요하면 직원에게 교육을 제공하고 개선이 이루어지면 보상을 줄 수도 있다. 또한 CES와 CEI를 연결해 생각함으로써 새로운 통찰을 얻을 수도 있을 것이다.

이 중에서도 고객만족도를 전반적으로 파악하는 데 가장 우수하다고 평가받는 지표는 NPS다. NPS는 단 한 개의 질문에 의존하기는 하지만, 그 간단함 덕분에 조사 대상(고객)이 덜 부담스러워한다는 장점이 있다. B2B 기업에서는 41%가 NPS를 선호하며[16] 이어서 CSAT는 26%, CES는 11%가 사용한다. 하지만 도표 D에서 알 수 있듯이 금융서비스, 도매, 에너지·유틸리티, 소비재 업종에서는 여전히 NPS와 거의 비슷한 빈도로 CSAT를 사용한다. 매출 10억 달러(약 1조 3000억 원)가 넘는 기업은 대부분이 조직의 다양한 부서와 인원을 동원해 50개 이상의 고객경험 지표를 관리하고 있으며, 어떤 기업에서는 최대 200개까지 운영하기도 한다.

도표 D **B2B 기업의 산업별 경험 지표**[17]			
산업 분야	NPS	CSAT	CES
이동통신	48	28%	13%
금융서비스	37	32%	14%
IT 서비스	46	32%	9%
물류	41	32%	12%
제조	43	27%	16%
컨설팅	48	28%	10%
컴퓨터 소프트웨어	42	32%	11%
전문가 서비스	44	25%	13%
도매업	33	22%	22%
에너지·유틸리티	44	41%	11%
소비재	36	28%	18%

직원경험 지표

네 가지

직원이 전반적으로 자기 경험에 만족해하면 조직의 고객 만족 목표를 달성할 확률이 48% 증가하며 혁신 목표를 달성할 확률은 89% 증가한다.[18] 또한 회사의 평판에 맞게 행동할 확률은

56% 증가한다고 한다. 하지만 안타깝게도 직원 중에서 진정으로 만족하고 영감을 받는 사람은 단 19%에 불과하다.[19] 직원의 만족도와 동기부여를 높이려면 먼저 조직 내부에서 실제로 무슨 일이 벌어지는지를 알아야 한다. 그리고 종종 부서나 부문별로 그들에게만 해당하는 고유한 직원만족도와 생산성 데이터를 수집하기도 하는데, 그보다는 포괄적이고 교차 기능적인 데이터를 수집, 집계 및 분석해서 전략을 개발하는 것이 좋다. 앞에서도 말했지만 직원이 참여도가 높고 헌신적이며 충성스러울 때 직원경험은 생산성을 향상하고 기업의 수익성을 개선해, 주요 운영 목표에 긍정적인 영향을 미칠 수 있다.

핵심성과지표(KPI)를 선정하는 것은 측정할 수 있는 직원경험을 개선하는 첫 단계다. 관건은 기업의 목표와 일치하는 적절한 KPI를 선택하는 방식이다. 직원경험을 추적하는 데 일반적으로 사용하는 몇 가지 지표가 있기는 하지만 최근에 최고경영자들의 이목을 끌기 시작한 '직원참여도'와 '직원만족도'보다 발전된 것은 없다. 현재 50개 이상의 지표가 사용되는 고객경험 분야와 달리 직원경험은 단순한 '인재 관리'를 넘어 진정한 직원경험으로 나아가기 위한 지표가 아직 개발되고 있는 단계다. 물론 기업마다 목표, 규모, 활동 및 프로세스는 다 다르지만, 소속 산업이나 회사의 운영 방식과 상관없이 KPI를 정의할 때 공통적으로 고려해야 할 기본적인 지표는 있게 마련이다.

직원추천지수(eNPS)

만약 고객경험을 추적하는 수단으로 이미 NPS를 사용하고 있다면 직원추천지수(eNPS, Employee Net Promoter Score)를 도입하는 것은 당연한 선택이다. 기업은 고객의 의견을 수집하고 처리하듯이 직원의 의견을 수집하고 처리해야 한다. 기본 의도는 NPS와 eNPS를 측정해서 고객경험시스템과 직원경험시스템을 잘 보이도록 연결하는 것이다.[20]

NPS와 마찬가지로 eNPS도 질문은 하나다. '다른 사람에게 이 회사가 일하기 좋다고 추천할 만한가?' 답은 0부터 10까지의 범위 내에서 하면 된다. 이에 대한 답변은 즉시 직원의 의견을 드러내므로 지속적으로 측정하기가 훨씬 더 쉽다. 이 간단한 지표를 정기적으로 추적하면 1년에 한 번 하는 직원 설문조사보다 훨씬 가치 있고 실질적인 방향으로 활용할 수 있다. 따라서 문제를 파악하는 데 eNPS를 선행지표로 활용하면 직원경험이나 만족도가 이직률과 수익성에 영향을 미치는 것을 예방할 수 있다.

eNPS의 질문은 직원에게 회사의 제품이나 서비스를 추천할지가 아니라 단지 회사가 일하기 좋은 곳인지를 물어보는 것이다. NPS와 마찬가지로 eNPS의 결과도 세 가지 범주로 나누어진다. 추천(9점 또는 10점), 중립(7점 또는 8점), 비추천(6점 이하) 세 가지이며 중립적인 의견을 낸 직원의 비율은 점수를 산출할 때 제외한다. eNPS는 추천 직원의 비율에서 비추천직원의 비율을 뺀 값이다. 예를 들어 100명의 응답 직원 중 50%가 추천직원이고 20%가 비추천직원이라면 eNPS 점수는 30이 된다.

직원추천지수 = 추천직원 비율(%) − 비추천직원 비율(%)

중요한 점은 eNPS가 자기 회사를 추천하는 직원의 수와 같지 않다는 것이다. 우리의 예에서 자기 회사를 추천하는 직원 수는 (추천직원이 50명이므로) 응답자의 50%가 될 것이다. 그러나 eNPS는 거기서 부정적인 경험을 한 직원의 수를 빼므로 기업의 전반적인 직원경험에 대해 더 세밀한 그림을 제공한다. 이는 전반적인 기업문화에 파괴적인 영향을 미칠 수 있는, 불만이 많거나 중립적인 직원에게 초점을 맞춘다는 의미다. 계산할 때는 중립적인 직원을 포함하지 않지만, 자기 일에 무관심하다는 면에서 보면 이들 역시 비추천자 집단으로 분류될 가능성이 높다. 그러므로 직원의 마음을 추천으로 바꿀 수 있도록 회사가 노력해야 한다. 퇴사해 버리면 이미 늦다.

만일 eNPS가 음수라면 비추천직원이 추천직원보다 많은 상태인데, 이는 직원 대부분이 주인의식이 없거나 무관심하다는 의미로 이직을 생각하고 있을 가능성이 높다. 만일 그렇다면 문제가 심각하다. 조사 결과에 따르면 회사에서 행복감과 만족감을 느끼지 못하거나 오래 근속하고 싶은 생각이 없는 직원 비율이 50%를 넘으면 다섯 명 중 한 명은 그다음 해에 퇴직했다고 한다.[21]

NPS와 마찬가지로 eNPS의 데이터 역시 정기적으로 수집해야 한다. 최소 분기별, 이상적으로는 월간 단위로 수행하는 것이 좋다. 부서별, 지역별 또는 지사별로 설문조사를 진행하면 문제 조직을 빠르게 찾아낼 수 있다. 이렇게 하면 특정 직원 집단만 만족스럽고 다른 집단은 그렇지 않은 상황을 파악하기 쉽다. 단 한 번의 전사적 또는 전 지역적 조사에서는 불만 집단의 수치가 평균값에 묻힐 수 있기 때문이다.

장기간에 걸쳐 결과를 추적하다 보면 예상하지 못한 문제와 눈에 띄지 않았던 결함을 발견하기도 한다. 단기간에 걸쳐 지수가 하락하는 경향이 보인다면 모르는 사이에 오래 진행되어 온 경우보다 훨씬 빨리 이해하고 대응할 수 있다. 특정한 조직이 문제를 겪고 있고 리더십에 문제가 있는 경우라면 상황이 걷잡을 수 없이 나빠지기 전에 대응할 수 있다.

예상하지 못한 결과가 항상 나쁜 것만은 아니다. 사실 긍정적인 결과가 나오면 도움이 되기도 한다. 예를 들어 특정 사업부의 직원에게 매우 만족스러운 결과가 나온다면 그 원인을 조사해 회사 전체에 적용할 수 있다. eNPS에 더 구체적인 설문조사를 몇 가지 추가하면 비추천한 직원이 추천하지 않은 이유, 추천한 직원이 만족스러운 이유, 중립적인 직원이 무관심한 이유를 파악할 수 있다. 데이터 수집은 단순히 직원의 마음을 알아보려는 것이 아니라 '개선할 점을 찾아 실제로 수행하는 것'에 초점을 맞춰야 한다. 하지만 eNPS에도 한계가 있다. 이 점수는 매우 일반적인 질문에 기반하고 있어서 구체적인 행동으로 옮길 만한 단서를 제공하지는 못한다. 그럼에도 여러 자료 중 하나로서 경영자에게 직원들의 전반적인 정서에 대해 대화를 시작하는 데 도움이 될 수는 있다.

이직률과 재직률

이직률과 재직률은 회사가 인재를 유지하는 능력을 보여주는 지표다. 이 지표는 일반적으로 직원이 어느 기업에 근무하는 기간을 측정한다. 인재 상실은 새로운 직원을 뽑는 비용까지 포함해 금전적인 면에서 상당한 타격을 준다. 연구에 따르면 직원을 교체하는 비용은 한 직원의 연봉 1.5배에서 많게는 2배에 이르며 실제로 많은 회사에 큰 타격을 준다. 금액으로 따지면 얼마나

될까? 자발적인 이직 탓으로 미국 기업이 입는 손실은 매년 1조 달러(약 1340조 원)에 달한다.[22]

그러나 인재 유지 비용은 직원 채용 비용보다 더 많이 소요되며 여러 분야에서 회사의 성장을 가로막는 최대의 요인이기도 하다. 설문조사 결과에 따르면 직원의 빈번한 이직으로 뛰어난 인재를 유지할 수 없다는 것은 직원들이 본 회사 성장의 최대 방해 요소였으며, 경영진의 선정 순위에서는 여덟 개 항목 중 4위를 차지했다.

인재를 조직에 잡아두는 것은 경쟁력을 유지하는 데 중요한 문제다. 따라서 이러한 데이터를 활용하면 직원이 떠나는 이유를 파악해서 '양동이의 구멍'을 찾아낼 수 있다. 예를 들어 신입사원이 입사 3개월 안에 퇴직하는 비율이 높다면 입사 및 적응 프로세스를 개선하는 것이다.

이직률은 퇴사한 직원의 수를 원래 재직하고 있던 직원의 수로 나누어 100을 곱한 값이다. 실시간으로 조사하는 eNPS와 달리 이직률과 재직률은 후행지표다. 일단 직원이 떠나면 그를 살릴 기회는 지나간 것이기 때문이다. 그래서 이직률이나 재직률은 유용한 지표이긴 하나, 이를 측정한다고 해서 이직의 원인을 파악하고 방지책을 제대로 수립하지 못했다는 책임에서 벗어날 수는 없다.

이직률 = (퇴사 직원의 수 ÷ 최초 재직인원의 수) × 100

　다만 기억해야 할 점은 CES와 마찬가지로 재직률이 높다고 해서 항상 이상적인 것은 아니라는 것이다. 이직률이 낮다는 것은 직원경험이 좋다는 의미일 수도 있지만 동시에 고과평가가 느슨하다는 뜻일 수도 있다. 기업은 최고의 인재를 유지하고 유망한 인재를 개발하면서도 한편으로는 성과가 미흡한 직원을 해고해 균형을 유지해야 한다. 자발적 및 비자발적 이직률과 재직률을 측정해 산업 내 다른 기업들과 비교해 보면 좋다.

직원만족도지수(ESI)

고객경험에서도 그랬지만 만족도는 좋은 직원경험의 선행지표다. 그래서 다음으로 고려할 지표는 직원만족도지수(ESI, Employee Satisfaction Index)다. ESI에는 응답한 직원의 기대치와 열정이 모두 포함되어 있으므로 eNPS보다 더 포괄적으로 직원만족도를 보여주는 지표다. eNPS와 마찬가지로 ESI를 사용하는 주요 목표는 기간을 두고 회사의 여러 부서를 비교해서 숫자를 얻는 것이다. eNPS는 한 가지 질문으로 충성도를 측정하지만 ESI는 세 가지 질문을 던진다는 차이점이 있다.

1. 현재 직장에 만족하는가?

2. 현재 직장이 자신의 기대를 얼마나 충족하는가?

3. 현재 직장이 이상적인 직장에 얼마나 가까운가?

직원들은 위 질문에 대해 1부터 10까지의 범위 내에서 답해야 하는데, 1이 가장 낮은 평가이고 10은 가장 높은 평가다. 그런 다음 세 가지 질문에서 얻은 답의 평균값을 질문의 개수인 3으로 나누어서 100을 곱하면 ESI 값을 구할 수 있다. ESI는 1에서 100 사이의 값을 가지며 점수가 높을수록 좋다.

직원만족도지수 = (세 가지 답의 평균값 ÷ 3) × 100

ESI는 단지 세 개의 질문으로만 계산하므로, 기업에서는 일반적으로 훨씬 더 많은 질문으로 이루어진 대규모의 직원만족도 조사에 이 세 질문을 포함해 보다 폭넓게 직원만족도를 측정한다. ESI 같은 지표는 단순히 직원의 현재 태도를 측정하는 게 아니라 조사 결과를 바탕으로 관리자와 직원 간에 폭넓은 대화를 시작하는 것이 목표다.

이를 위해서 기본 세 가지 질문보다 더 깊이 들어가는 추가 질문을 통해 직원이 그렇게 점수를 준 이유를 알아낼 수 있다.

예를 들어 첫 번째 질문인 '현재 직장에 만족하는가?'에 이어 '유연한 근무제도에 더 만족하는가?' 또는 '맡은 일을 잘 수행하는 데 필요한 교육을 받고 있는가?'와 같은 질문을 추가할 수 있다. 이런 보충 질문은 훌륭한 대화의 시작점이 되어주므로 관리자는 이를 활용해 재택근무제도나 직원 교육 과정 등에 대해 토론을 시작할 수 있다.

기업문화 측정

컨설팅업체인 포레스터리서치Forrester Research에 따르면 유감스럽게도 기업문화 관련 지표는 직원경험의 성공 요인을 분석하는 데 가장 적게 이용되는 성과지표라고 한다(단 17%만 이용한다).[23] 이러한 불일치는 직원들의 만족도 수준에서도 확인할 수 있다. 즉, 직원들이 직장 문화에 얼마나 만족하는지와 직장 문화를 얼마나 중요하다고 생각하는지 사이에는 거의 20%의 격차가 있다(물론 앞에서 보았듯 이런 현상은 직원들이 특히 중요하다고 평가하는 대부분 항목에서 동일하게 나타난다).

평가는 좋든 나쁘든 행동을 유발한다. 기업은 우선 측정 방식과 보상 방식을 조정하지 않고 문화에 영향을 미치는 특성을 변경해서는 안 된다. 여전히 예전 방식으로 일하는 사람에게 계속 보상을 준다면 새로운 방식의 도입 이유와 이점을 아무리 설명하더라도 절대 아무것도 변하지 않을 것이다.

수많은 지표에 대해 말했지만 이를 모두 활용하라는 뜻은 아니다. 특히 모든 것을 동시에 하라는 말은 절대 아니다. 다만 조직에 이 지표들의 적용을 고려해 보고 팀에서 논의함으로써 숨은 기회를 발견하는 데 도움이 될 수도 있다. 핵심은 고객경험과 직원경험 지표를 동시에 측정하고, 각각의 보조적인 지표를 살펴봄으로써 둘의 연결 관계를 더 잘 이해하는 것이다. 어떤 지표를 이용하든 간에 단지 조사하는 데서 멈춰서는 안 된다.

중요한 것은 이러한 신호들이 실제로 무엇을 말하는지 이해하고, 이해한 바를 토대로 기업의 운영 방식을 개선하는 일이다. 우수한 기업은 직원이 조직을 경험하는 방식을 명확히 이해하고 성과지표가 회사의 목표와 일치하도록 한다. 또한 직원과 관련한 조사 결과를 공유하고, 프로세스에서 발견된 문제를 해결하고자 어떤 무엇을 하고 있는지 설명해야 한다. 그렇지 않으면 시간을 내서 설문지에 답한 직원들이 실망할 것이다. 결과를 투명하게 공개하고 발견한 문제에 대해 조치를 취해야 한다.

단순한 자료 수집에서 벗어나 제대로 분석할 수 있게 되면 관리자와 직원이 결과가 아닌 지표를 향해 노력할 가능성이 줄어든다. 개선은 지속적인 여정이지 목적지가 아니다. 추적해 온 지표를 회사의 목표에 맞게 수정해 필요한 통찰력을 얻을 수 있어야 한다. 다루기 편한 지표나 현재 사용하는 지표만 선택해서는 아무 의미가 없다.

이는 한순간에 이루어지는 과정이 아니다. 오랜 시간을 두고 이러한 지표들을 수집해서 분석하고 나서 행동해야 한다. 예상하지 못했던 데이터가 나오면 경영자들은 데이터가 틀렸다고 생각하거나 그저 예외적인 상황일 뿐이라고 대수롭지 않게 여기곤 한다. 데이터가 자기 인식과 일치하지 않는다고 해서 그것을 믿지 않고 그에 따라 행동하지 않는다면 애당초에 왜 데이터를 측정하는 데 노력과 시간을 투입하는가? 지표를 없애면 시간과 돈을 절약하고 두통으로 고생하지 않아도 된다. 하지만 직원경험과 고객경험을 개선할 능력도 같이 사라진다. 이러한 지표들은 단지 경험중심적 사고방식을 발전시킬 뿐 아니라 조직 전체가 함께 성장할 수 있도록 도와줄 것이다.

- 당신의 기업은 선행지표와 후행지표를 모두 추적하고 있는가?

- 직원과 고객 사이에 공유되는 교차 기능적인 지표가 있는가?

- 지표가 기업의 목표 및 경영진의 보상과 방향이 일치하는가?

- 현재 어떤 직원 관련 데이터를 수집하고 있는가? 데이터를 정기적으로 분석하는가?

[부록]

주주 중심 회사의
말로

※ 아래의 내용은 사실을 기반으로 쓰였으나 개인 정보를 보호하고자 인명과 장소, 사건은 가공하고 변경했다. '설마 이런 일이 있을까'라고 생각해서는 안 된다. 이런 일은 실제로 어디선가 매일 발생하고 있다.

윌리엄 워터브리지는 사람들이 모두 인정하는 뛰어난 경영자였다. 그도 그럴 것이 수십 년 동안 그의 회사는 다른 어떤 회사보다 높은 주주 수익을 창출해 왔기 때문이다.

워터브리지는 1970년대에 미드웨스트 지역에서 이름만 거창한 소규모 부품 제조업체인 유니버설디스트리뷰션코퍼레이션(UDC, Universal Distribution Corporation)의 영업사원으로 경력을 시작했다. 그가 담당한 지역은 실적이 부진하기로 유명했으며 고객은 거칠고 까다로웠다. 그러나 끈질긴 의지력과 뛰어난 인간적인 매력으로 워터브리지는 자기 지역을 회사에서 가장 수익성이 높은 곳으로 만들어냈다.

당연하게도 워터브리지는 UDC에서 승진을 이어나갔다. 먼저 영업 부문의 장이 되더니 마케팅과 고객서비스 부문의 중역을 거쳐 최종적으로는 최고경영진이 되었다. 8년 만에 그는 UDC의 50년 역사상 가장 젊은 부사장이 되었다.

2년 후 UDC의 가장 큰 고객이 떠나면서 회사는 파산을 신청하게 되었다. 당시 부사장이었던 워터브리지는 회사 인수에 나섰다. 부도난 회사를 돈 몇 푼에 사들인 그의 주목적은 특허권과 고객 명단이었다. 윌리엄 워터브리지의 전설이 시작되는 순간이었다.

제품라인을 재구성하고자 인재를 끌어모으고, 반복적인 인수와 합병을 통해 UDC는 워터브리지가 인수한 지 10년 만에 제조업계에서 아주 주목받는 회사가 되었다. 그러나 이는 단지 시작에 불과했다. 워터브리지는 기업을 한 단계 더 높은 수준으로 끌어올리고자 먼저 UDC를 비공개로 전환했다가 4년 후 다시 공개로 전환했다. 타이밍은 완벽했다. UDC의 기업 가치는 90억 달러(약 12조 원)로 치솟았으며 워터브리지는 처음으로 10억 달러(약 1조 3000억 원)를 수중에 넣었다.

워터브리지는 또한 나중에 '워터브리지 방식^{Waterbridge Way}'으로 알려지게 된 전혀 새로운 방식의 혁신적인 경영 철학을 도입했다. '더블유웨이^{W-Way}'라고도 불린 이 철학은 지나칠 정도로 수익성과 자산수익률 그리고 주주수익률에 집중했다. 회사는 철저히 이 제품 중심 철학을 따랐고, 워터브리지는 직원들에게 이익은 '첫 번째 우선순위'가 아니라 '유일한 우선순위'여야 한다고 강조했다. 그의 논리는 간단하다. 기업은 매출로 생존하고 이익으로 번영한다는 것이다. 이익을 극대화하면 그 돈을 연구개발, 공급망, 제품 개발에 투자할 수 있다. 이익이 증가하면 주가가 상승하며, 이는 투자자를 행복하게 하고 부자가 되게 한다. 한편 회사가 잘나가면 그렇게 좋은 실적을 자랑하는 기업에 입사하려는 예비 직원이 줄을 서게 마련이다.

더블유웨이는 효과가 있었다. 그렇게 오랜 기간 성공을 거듭하다 보니 UDC는 곧 포춘 100대 기업에 올라갔고, 얼마 후에는 50대 기업에도 이름을 올렸다. 그때 회사의 시가총액은 거의 1조 달러(약 1340조 원)였다. 윌리엄 워터브리지는 당대 최고의 경영자로 추앙받았다.

그러나 주주들에게 성과가 좋다고 해서 회사의 모든 것이 완벽하다고 말하기는 힘들었다. 워터브리지가 경영을 시작했을 무렵부터 직원 사이에서는 불만이 돌았다. 지나치게 이익과 생산성만 강조하자 직원들이 지치기 시작한 것이다. 일부는 SNS를 통해 고객서비스 직원의 피로와 탈진 심지어 '멘탈 붕괴' 상황에 대해 주기적으로 게시하기도 했다. 기자회견에서 기자들이 이 상황에 대해 지적하자 워터브리지는 평소처럼 냉정하게 대답했다.

　　"우리가 누구도 부인할 수 없는 훌륭한 회사인 이유는 주주들을 위해 하루도 빠짐없이 열심히 일하기 때문입니다. 회사가 요구하는 높은 기대치와 노력을 따라갈 수 없다면 그런 직원은 떠나도 좋습니다. 우리는 기꺼이 보내줄 겁니다."

　　노동조합 준비위원회가 오하이오의 UDC 공장에서 조합 설립에 필요한 서명을 충분히 모으자 워터브리지는 노조 결성을 허용하지 않겠다고 발표했다. 그런데도 노동자들이 투표를 통해 노조 결성을 찬성하자 워터브리지는 그들을 해고하고 공장을 폐쇄했다. 그가 설명한 공장 폐쇄 이유는 성과 부진과 기대수익 미흡이었다. 모든 과정은 줌 화상회의로 진행되었다. 워터브리지는 한 걸음 더 나아가 직원들의 모든 복리후생까지 취소했다. 언론에서도 이 사건을 대서특필했지만 그는 흔들리지 않았다. '엄청난 수익을 자랑했던' 실적 발표회에서도 투자자들에게 이러한 전술에 대해서는 일절 사과하지 않았다.

그리고 UDC의 공식 은퇴 연령인 73세에 다다르기 딱 1년 전인 일흔두 번째 생일 파티에서 워터브리지는 12개월 후에 2억 달러(약 2680억 원)의 퇴직금을 받고 회사를 떠나 사모펀드 회사의 고문 겸 CEO가 될 것이라고 발표했다. 재계는 충격에 빠졌다. 발표 직후 경영계와 언론계, 심지어 워싱턴 DC의 정계까지 이 소식에 대한 추측이 난무했다. 이 경영계의 거물을 대체할 사람은 누구일까? 앞으로 회사는 어떻게 될까? 경제에는 어떤 타격을 미칠까?

며칠 후 충격이 점차 사라지자 워터브리지의 후임자에 대한 추측이 시작되었다. 주로 UDC의 유망한 임원인 브루스 펜로즈와 디 페르난데스에게 집중되었다. 언론보도가 집중되고 모든 사람이 추측에 참여하면서 결국 미국 대통령까지 이런 말을 했다고 전해졌다.

"전 세계의 다른 모든 사람처럼 백악관도 누가 UDC의 선장이 될지 궁금해하고 있습니다. 엄청난 자리니까요."

한편 펜로즈와 페르난데스는 최대한 저자세를 유지하며 일에 집중하는 척했다. 가끔 기자들에게 기습 질문을 받더라도 그들은 판에 박힌 대답만 했다. 상대방이 좋은 후보라고 칭찬하며 자신은 후계자 대상에 오를 만한 인물이 못 된다고 겸손해하고 워터브리지의 뒤를 이을 수 있다면 엄청난 영광일 것이라고 말했다. 두 사람은 가능한 한 서로를 피하려고 노력했다. 이사회 회의와 다른 회사 행사에서는 예의 바르게 행동했지만 개인적으로 펜로즈는 자기 팀에 큰 변화에 대비하도록 지시했고, 페르난데스는 조용히 예산을 수립하면서 내년 전략에 대해 고객과 직원의 의견을 듣기 시작했다.

그렇다고 해도 둘 사이의 개인적인 만남을 피할 수는 없었다. 덜레스국제공항에서 두 사람은 서로 다른 게이트로 향하는 길목에서 전철을 기다리다가 마주쳤다. 펜로즈가 씩 웃더니 손을 내밀었다.

"페르난데스, 곧 미칠 것 같지 않아요?"

페르난데스는 그 손을 잡으며 말했다.

"갈수록 더할 텐데, 감당할 수 있겠어요?"

"난 체질인가 봐요. 이게 그 할아버지의 마지막 시험인 거 같은데 훌륭하게 해낼 거예요."

펜로즈가 윙크하며 대답했다. 전철이 미끄러지듯 역에 도착했고, 문이 열렸다. 페르난데스는 고개를 끄덕이며 말했다.

"아, 다행이네요, 펜로즈. 승리하길 바랍니다."

브루스 펜로즈는 뭔가 알고 있는 듯한 미소를 지었다.

"제 생각에는 그가 이미 승리한 것 같아요."

디 페르난데스는 다음 전철을 기다리기로 했다.

그전까지 비슷했던 라스베이거스 도박사들의 베팅은 그로부터 몇 주 동안 급격히 펜로즈 쪽으로 기울어졌다. 분명히 그들은 어떤 정보를 들은 것 같았다. 일주일 후 호텔 방에서 잠을 뒤척이던 페르난데스는 갑자기 몸을 벌떡 일으켜 세우더니 공항에서 펜로즈가 한 말을 생각했다. 그냥 자기 자신을 격려하려는 말이었을까? 아니면 그는 페르난데스가 모르는 무언가를 알고 있는 것일까?

그 뒤 몇 시간 동안 어둠 속에서 페르난데스는 머리를 굴리며 워터브리지가 펜로즈 쪽으로 기운 원인이 무엇인지 생각했다. 그리고 청량한 아침 햇살이 커튼 사이로 비출 때쯤 페르난데스에게 떠오르는 것이 있었다. 바로 최근에 한 경영진 회의였다.

회의 참가자들은 자신의 사업부 현황을 차례로 설명했다. 평소와 마찬가지로 브루스 펜로즈는 도표와 배포 자료에 슬라이드까지 완벽하게 준비해 흥미로운 쇼를 펼치며 현황을 보여줬다. 예상대로 세계 각지의 공장들이 모두 원활하게 운영되고 있다는 내용이었다. 너무나도 뻔한 거짓말에 페르난데스는 겨우 웃음을 참으며 다른 참가자들도 펜로즈의 쇼에 대해 같은 생각을 하고 있으리라고 생각했다. 그러나 그때 페르난데스는 워터브리지가 펜로즈의 발표에 귀를 기울이고 있다는 것을 알아챘다. 그것이 펜로즈의 행동보다 더욱 페르난데스의 화를 돋웠다. 과연 워터브리지는 이 모든 상황에도 속임수를 보지 못하는 걸까? 펜로즈의 아부를 알아차리지 못하는 걸까? 페르난데스는 가슴속에서 분노와 좌절이 일어나는 것을 느꼈다. 어떻게 하면 이 거만한 인간과 반대되는 모습을 보여줄 수 있을까? 페르난데스는 그것이 간단하다고 생각했다. 투명성을 강조하면 될 것 같았다. 분명 워터브리지는 이번만이라도 진실을 감사히 여길 것이다. 어쩌면 이것이 페르난데스와 워터브리지 사이에 더욱 큰 신뢰를 형성할지 모를 일이었다.

페르난데스는 발표하면서 자신이 맡은 사업부의 운영 상태를 있는 그대로 보고했다. 그동안 워터브리지는 동의하듯 머리를 끄덕였다. 페르난데스는 이 전략을 선택한 것이 옳았다고 자기 자신에게 말했다. 발표를 마치기 직전 승부를 걸었다.

"말씀드릴 것이 한 가지 더 있습니다, 회장님. 일부 직원 사이에서 불안감이 점점 더 퍼지고 있습니다. 특히 생산 분야와 영업, 현장 서비스처럼 고객을 직접 상대하는 직원 사이에서 이런 현상이 발생하고 있습니다. 그들은 일이 너무 많고, 업무에 필요한 시스템과 도구를 제대로 지원받지 못한다고 느낍니다. 이미 최고의 인재들이 콘솔리데이티드산업을 비롯한 경쟁사로 이직해 버렸습니다. 이 문제를 해결하지 않는다면 몇 년 전에 본 것과 같은 노조 사태를 다시 겪을 수도 있습니다. 오늘 논의한 대로 자사주를 매입하는 대신 일부 자금을 사용해 직원들의 업무 경험을 개선하는 데 투자하는 것이 어떨까요? 직원의 행복은 고객 만족으로 돌아올 것입니다."

회의실은 쥐 죽은 듯 조용해졌다. 워터브리지 회장은 멍하니 페르난데스를 바라보았다. 그렇게 영원할 것 같은 침묵이 흐르더니 최고운영책임자인 조 드민트가 입을 열었다.

"매우 감동적인 발표였습니다, 페르난데스. 감사합니다. 다음 발표자 준비해 주세요."

양손에 얼굴을 묻은 불안한 자세로 페르난데스는 자신이 한 일을 깨달았다. 더블유웨이를 어긴 것이었다. 회장이 그렇게 멍한 표정을 지은 이유를 알 것 같았다. 회장은 직원들에게 관심이 없었고(일할 사람은 많았다) 고객에게도 관심이 없었다(새로운 고객은 얼마든지 있었다). 중요한 것은 이익과 주주 가치뿐이었다. 다른 것들은 의미 없는 방해물이었다. 그리고 이를 이해하지 못하는 사람은 윌리엄 워터브리지의 회사를 운영할 자격이 없었다.

페르난데스는 그날 기조연설이나 분과별 토론회에 참석하지 않았다. 대신에 방에서 이력서를 작성하고 헤드헌터들에게 연락을 취했다. 이틀 후 자기 사무실에 돌아오자마자 후임자를 찾기 시작했다. 자신이 해고되는 것은 시간문제라고 생각했다.

몇 주 후 윌리엄 워터브리지는 UDC 본사에서 전 직원이 직접 또는 인터넷으로 참석하는 회의를 열고 새로운 CEO를 발표했다. 그동안 페르난데스는 최종 결과를 기다리며 사무실에 머물렀다. 새로운 CEO로 브루스 펜로즈가 지명되었고, 워터브리지는 여전히 회장직을 맡았다. 펜로즈가 페르난데스를 해고해야겠다고 생각했다면 그것은 오산이었다. 펜로즈가 직원들에게 축하를 받으며 악수하고 격려의 의미로 어깨를 두드려주며 인사를 마치고 사무실에 돌아오니 이미 책상 위에 즉시 사임한다는 페르난데스의 사직서가 놓여 있었다.

"잘됐구먼."

이렇게 말하며 펜로즈는 사직서를 휴지통에 던져버리고 다시 컴퓨터로 돌아가 축하 메일과 미디어 인터뷰 요청에 답하기 시작했다.

페르난데스는 UDC를 퇴직할 때 이미 여러 개의 일자리 제의를 받았다. 대부분은 퇴직할 때와 유사한 자리였다. 전무이사, 그룹 총괄 관리자, 심지어 최고운영책임자까지. 그러나 페르난데스는 이 모든 제의를 거절했다. 다시는 무자비한 상사에게 당하고 싶지 않았고, 충분히 시간을 두고 결정하고 싶었다.

그로부터 3주가 지난 어느 날 페르난데스는 운동복을 벗고 아이들의 야구 경기를 보러 가기로 했다. 오랜만에 끝까지 경기를 관람할 수 있었다. 그날 페르난데스는 다시 노트북을 열었다. 위로 편지, 점심 제의, 인터뷰 요청, 스팸메일 등 수백 개의 답하지 않은 이메일 속에서 유독 눈길을 끈 것은 'CEO 제의'라는 제목의 메일이었다.

그 메일은 페르난데스가 알고 있던 회사로부터 온 것이었다. 운명적인 마지막 회의에서 언급한 마이너 경쟁사인 콘솔리데이티드산업에서 보낸 것이다. 미국 중부에 본사를 두고 있는 이 회사는 오래된 역사를 자랑하며 할인 브랜드로서 수익을 내고 있었다. 그들은 별다른 혁신이나 변화 없이 지난 수십 년 동안 탄탄한 사업을 구축해 왔지만, 그 이상의 특별한 가치는 없는 회사로 여겨졌다. 그들은 UDC를 비롯한 대형 경쟁사들이 점유하고 남은 파이를 가져갔다. 특히 저렴한 가격을 원하는 고객이 그들의 몫이었다. 그러나 지난 1년 동안 그들은 UDC의 최고 인재들을 영입하면서 미래를 위한 사업을 준비하고 있었다.

메일은 설립자인 마틴 예틀이 보낸 것이었다. 문체는 회사만큼이나 고리타분하고 내용은 간단했다. '혹시 시간이 된다면 콘솔리데이티드의 사장 겸 CEO로 일하는 것에 대해 이야기를 나눠보고 싶군요.' 페르난데스는 이렇게 격식에 매이지 않은 직접적인 어투에 웃음을 짓고 다음 메일로 넘어갔다.

하지만 얼마 후에 동네를 세 번째 산책하고 있는데 그 제안이 떠올랐다. 'CEO가 되는 것, 그게 네가 원한 거 아니었어?' 페르난데스가 자문했다. '응, 맞아.' 나지막이 대답했다. 하지만 석기시대에 멈춰 선 듯한 저렴한 이류 회사의 CEO가 되기는 싫었다. 그날 밤 페르난데스는 예틀의 제안에 답장하고 방문 날짜를 잡았다.

"꼭 간다고는 보장 못 합니다. 하지만 무슨 이야기든 들을 준비는 되어 있습니다."

"분명히 마음에 들 겁니다. 회사에서 우리는 전부 가족 같으니까요."

전화를 끊고서 페르난데스는 혼잣말로 중얼거렸다.

'이번에는 제발 그랬으면 좋겠네.'

이틀 후 면접에서 돌아오는 비행기 안에서 페르난데스는 메모지를 꺼내 회사를 진정한 시장 선도 기업이자 이전 직장에 대항할 수 있는 실질적인 경쟁사로 만드는 방법을 적기 시작했다. 필요한 재료는 모두 준비되어 있다고 혼잣말했다. 그저 현대로 가져오기만 하면 된다고 생각했다. 그리고 그 방법도 알고 있었다. 집으로 가는 택시 안에서 페르난데스는 예틀에게 전화를 걸어 제안을 수락했다. 예틀은 페르난데스가 시도하는 어떤 계획에든 지원하겠다고 약속했다.

"나는 그렇게 의심이 많은 사람이 아닙니다. 알아서 잘하리라 믿습니다."

"하지만 회사를 창립하셨잖아요."

"그건 맞아요. 그런데 이 창립자가 좀 오래 쉬고 싶어서요."

페르난데스는 예틀의 전화를 끊고 나서도 못 믿겠다는 듯 한참 그 자리에 그대로 앉아 있었다.

일주일 후에 페르난데스는 인디애나폴리스로 가서 도시 외곽의 오래된 산업단지로 향했다. 콘솔리데이티드의 건물은 크긴했지만 특색이 없는 구조물이었다. 첫인상치고는 별로였다. 그러나 페르난데스가 로비로 걸어가면서 보니 잔디는 깔끔하게 깎여 있고 현관 앞 계단 주변에는 밝은색의 꽃이 심겨 있었다. 또한 건물을 새로 도색했다는 것도 알아차렸다. 회사 시설 곳곳에서 자부심을 느낄 수 있었다. 멋진 유리와 강철로 된 UDC 건물들도 이렇게 잘 관리되지는 않았다고 생각하며 페르난데스는 고개를 끄덕였다. 그녀는 이미 이 회사에 대해 좋은 느낌을 받고 있었다.

로비는 낡았지만 깔끔했고 안내데스크의 담당 직원은 친절했다. 페르난데스가 자기 이름을 말하자 젊은 여성이 손뼉을 치며 인사했다.

"아, 어서 오세요, 페르난데스 사장님. 만나서 반갑습니다. 모두 카페테리아에서 기다리고 있습니다."

회의 장소로 가면서 페르난데스는 누가 건물 앞에 있는 꽃을 돌보느냐고 물었다. 일부 직원이 주말에 시간을 내어 땅을 가꾼다는 대답이 돌아왔다. 그런 직원이 있다는 것은 처음 듣는 이야기였다.

나머지 하루도 비슷한 방식으로 진행되었다. 조금 낡았지만 잘 관리된 사무실과 제조 공장, 친근한 직원들 그리고 약간 놀라는 중역들도 있었다("정말 윌리엄 워터브리지랑 함께 일했어요? 그 사람 어때요?"). 그러나 운영 기반 시설은 20세기부터 내려온 것으로 현대화가 필요하다는 것도 느낄 수 있었다. 일과 후에 호텔 방으로 돌아온 페르난데스는 냉장고에서 작은 샴페인 병을 꺼내고 집으로 전화를 걸었다.

"별일 없어?" 남편은 인사도 하지 않고 대뜸 이렇게 말했다.

"옛날에 하던 일하고는 다른데 괜찮은 것 같아. 여기서는 뭔가 할 수 있을 것 같아. 이사 준비를 해. 내가 여기서 집하고 학교를 알아볼 테니까."

"정말 괜찮겠어? UDC보다 훨씬 작은 회산데."

"맞아. 하지만 그냥 CEO가 되는 게 전부가 아냐. 더블유웨이 하에서 거부당했던 것들을 드디어 할 수 있게 된 거야."

"다행이야. 당신 오랜만에 아주 행복한 것 같네. 아이들한테

얘기할까?"

"응. 이사 간다고 말해."

* * *

그 후 두 달간 페르난데스는 거의 사무실 밖에서 지냈다. 여러 부서를 방문하고, 제조 현장의 직원들과 만났으며, 물류 창고를 살펴봤다. 그곳에서 언제나 서로 기꺼이 도와주려는 직원들의 사고방식에서 느끼는 것이 많았다. 회사와의 관계를 알아보고자 고객도 만났다. 물어보기도 했지만 주로 사람들의 말에 귀를 기울였다. 점심에는 지역 식당에서 돌아가면서 회사의 임원진을 만나 의견을 들었다. 식사는 캐주얼했지만 매우 유익했다. 페르난데스는 회사의 운영 방식과 권력 구조 그리고 직원들의 사기에 대해 알게 되었다. 또한 치킨 프라이드 스테이크를 좋아하게 되었다.

페르난데스는 임원진에게서 이 회사가 몇 가지 인기 있는 제품과 저렴한 가격 덕분에 어느 정도 괜찮은 성과를 거두고 있지만 직원들은 걱정스러워한다고 들었다. 그들은 회사가 더 크고 빨리 움직이는 경쟁사들에 점유율을 빼앗기고 있다며 두려워했다. 사무실에는 몇 년 안에 회사가 파산하거나 UDC와 같은 회사의 적대적 인수로 사라질 수도 있다는 이야기가 돌고 있었다.

직원들이 고객에 신경을 쓰지 않은 것은 아니지만 안타깝게도 이미 많은 고객이 더 동적이고 혁신적인 업체로 옮겨갈지 고민하고 있었다. 직원들은 선진기술이나 추가적인 서비스 그리고 새로운 가치 중심 제품에 투자하지 않고는 제대로 대응할 방법이 없다고 느끼고 있었다. 이것은 더 큰 문제였다. 콘솔리데이티드는 고객에게 맞춤형 서비스를 제공하고 그들이 좋아하는 가족적 분위기를 유지하려고 노력했다. 그러나 직원들이 최선의 노력을 기울이는데도 고객만족도는 점차 떨어지기 시작했다. 게다가 현재 직원들은 페르난데스가 오래 다니던 직원들을 해고하고 사랑하는 콘솔리데이티드에 무시무시한 더블유웨이방식을 시행할까 봐 두려워하고 있었다.

이 마지막 우려에 대해 페르난데스는 놀라지 않을 수 없었다. 비록 UDC에서 대부분 직장생활을 하면서 자주 더블유웨이와 충돌하기는 했지만 UDC의 엄청나고 지속적인 성공은 바로 그 운영 철학의 산물이라고 생각했기 때문이다. 어쩌고저쩌고 말이야 많아도 모두들 윌리엄 워터브리지를 경영의 천재로 인정하지 않았는가?

긴 주말 동안 페르난데스는 회사 사택에서 거의 나가지 않고 음식을 배달시켜 먹으며 이 역설에 대해 고민했다. '다른 방법이

있을까?' 페르난데스가 자기 자신에게 물었다. UDC에서 고위
직의 자리를 잃게 된 바로 그 회의에서 자신이 말한 내용이 그
러한 가능성을 시사하는 것은 아니었을까?

이윽고 페르난데스가 화요일 오전 11시, 모든 직원을 회의에
소집했다. 대부분 직원이 같은 건물 안에 있었기에 이는 몹시 어
려운 일은 아니었다. 페르난데스는 무대 위에 올라서서 1000명
의 직원을 바라봤다. 직원들은 회의장에 도착해서 자기들끼리
웃으며 악수하고 포옹했지만 이제는 걱정스러운 표정으로 페르
난데스를 바라보고 있었다. 페르난데스가 말을 시작했다.

"여러분, 제가 전 회사에서 했던 방식을 여기 콘솔리데이티드
로 가져올까 봐 여러분이 걱정하고 계신 걸 잘 알고 있습니다.
하지만 그런 일은 절대 없으리라고 확신합니다. 오히려 저는 이
회사를 우수한 업체로 그리고 일하기 좋은 곳으로 만든 회사의
전통을 계속 유지할 생각입니다. 그게 건물 외부의 꽃을 가꾸는
일이든 요청하지 않았는데도 서로 도와주는 행동이든 상관없습
니다. 고객을 유지하려면 우리 경쟁사들보다 더 높은 수준으로
서비스와 지원을 끌어올릴 수 있는 기술과 도구를 우리 직원들
에게 제공해야 합니다. 동시에 이 회사를 상징하는 그 고객 맞춤
형 관심도 잃지 말아야 합니다."

페르난데스는 직원의 반응을 살폈다. 지금까지는 좋은 것 같

았다.

"그러나 우리는 새롭고 혁신적인 제품들이 필요합니다. 경쟁사들은 매일 우리에게 가르쳐줍니다. 그래서 우리는 몇 가지 핵심 영역에서 경쟁사들을 앞지를 새로운 제품 개발에 투자할 것이며 그 과정에서 여러분의 의견과 지도를 받을 것입니다. 이제 여러분에게 약속하겠습니다. 우리는 산업을 선도하는 제품과 고객서비스로 가장 큰 경쟁사들과 어깨를 나란히 하겠지만 그 과정에서 이 회사가 특별한 일터가 된 요인을 포기하지는 않을 것입니다."

그 말에 한동안 박수가 이어졌다. 페르난데스는 그 후 한 시간에 걸쳐 콘솔리데이티드에 구축할 시스템, 교육, 개발 기회에 대해 이야기했다. 또한 새로운 조직구조에 대해서도 언급했는데, 가령 이런 기반 시설을 구현하고 유지하도록 조율하는 교차 부서협의체 같은 것들이었다. 이를 통해 변경 사항에 대한 실시간 피드백을 얻을 수 있다고 했다. 페르난데스는 창립자의 개방적인 문화와 회사의 뛰어난 분위기를 유지하겠다고 약속했으며 특히 직원경험과 고객경험을 개선하는 데 중점을 둘 것이라고 말했다.

또한 공장 직원들에게 콘솔리데이티드라는 이름이 품질과 동의어가 되도록 한 그들의 노고에 직접 감사를 표현했다. 그날 오후에는 제품디자인팀과 만나 그들을 신뢰한다고 말하고, 혁신적인 디자인을 유지하는 데 필요한 예산을 제공하겠다고 약속했다. 하지만 그 대신 그저 기존 제품들을 약간 개선한 정도가 아니라 과감한 창의성을 기대한다고 말했다. 그날 사무실을 나오면서 보니 관리자들과 직원들의 얼굴에는 웃음만이 보였다. 페르난데스는 직원들에게 지금껏 꿈꿔 왔지만 점차 실현 가능성이 없다고 포기했던 것을 돌려준 것이었다.

힘든 하루를 보내고 그날 밤 페르난데스는 남편에게 전화를 걸었다.

"어땠어?" 남편이 물었다.

"좋았어. 모두 내 계획에 만족한 것 같았어."

"그런데 왜 그렇게 우울한 목소리야?"

"한 번도 해보지 않은 것에 대해 내가 직원들의 기대치를 높여 놓았어. 만일 잘 안 되면 그들이 사랑하는 회사는 망하는 거야. 그리고 이 회사를 올바른 방향으로 이끄는 데 성공한다 해도 그 비용을 어디서 마련해야 할지 모르겠어."

"그게 바로 당신이 CEO가 되고 싶어 했던 이유 아냐? 걱정하지 마. 잘 해낼 거야."

"음, 나를 믿는 사람이 있어서 다행이네."

페르난데스는 결국 자금을 구했다. 본인의 명성을 이용한 2차

공모로 6000만 달러(약 804억 원)를 조달했고, 우선 그 돈을 활용해 종합 고객관계관리 시스템을 구축했다. 이 시스템은 영업 및 서비스 직원에게 데이터를 활용해 고객이 원하는 대로 주문을 넣고, 가격을 할인하며, 추가 기능을 제공할 수 있게 해주었다. 궁극적으로 직원들은 이렇게 권한을 부여받았다. 이제 고객의 다양한 요구를 처리하는 데 관리자나 다른 부서의 승인을 받고자 전화를 넘기지 않고 자신이 전화 한 통화로 결정을 내릴 수 있게 되었다. 그 결과로 고객만족도와 순고객추천지수 점수는 하락을 멈추고 전례 없는 수준으로 상승하기 시작했다.

또한 자금 중 일부는 고객의 거의 절반이 스스로 거래를 처리할 수 있는 강력한 웹사이트를 구축하는 데 사용했다. 고객은 맞춤형 특별 주문을 할 때만 고객서비스 담당자와 통화하면 되었다. 그다음에는 주문의 75%를 웹사이트로 소화하는 것을 목표로 세웠다. 또한 직원 사용자 모임을 만들어 새로운 서비스와 제품 아이디어를 수집했고, 모든 현장 서비스 직원에게 더 효율적으로 일할 수 있도록 가장 최첨단 기술을 제공했다. 직원들은 인체공학적으로 제작된 새 의자와 책상까지 받고 깜짝 놀랐다.

또한 새로운 장비를 들이고 안전시설을 정비하며 더 밝은 조명 시설을 설치하는 데도 투자해 제조 라인을 개선했다. 고객을 위해 온라인 매뉴얼과 FAQ를 개발했으며, 신제품 개발을 위해 연구개발 부서를 지원했다. 직원들이 이 모든 변화에 적응하는 데는 시간이 필요했으므로 처음에는 눈에 띄는 결과가 보이지 않았다. 하지만 새로운 시스템과 프로세스, 교차부서협의체 그리고 가장 급진적인 아이디어도 수용할 수 있는 경영진에 직원들이 익숙해지면서 회사의 사기가 회복되었다. 심지어 회사 역사상 처음으로 인디애나폴리스에서 '가장 일하기 좋은 직장'으로 선정되기도 했다.

고객도 유사한 경험을 했다. 콘솔리데이티드에서 항상 사랑하던 서비스에 이제 UDC같이 큰 기업에서 볼 수 있는 속도와 유연성, 정확성까지 더해졌다는 것을 알았다. 선택권이 주어지니 고객은 이제 더 작지만 친밀한 회사로 돌아왔다. 매출과 이익이 상승했고, 직원들은 만족했으며, 고객들도 만족했고, 주주들 또한 행복했다. 그리고 페르난데스는 마침내 아무 고민 없이 잠들 수 있게 되었다.

페르난데스가 임기를 시작한 지 3년째가 되자 회사의 가용 현금은 그가 처음 합류했을 때보다 거의 열 배로 늘어났다. 주식시장에 단기적인 하락이 발생하자 인수업자들이 접근하더니 페르난데스에게 주가를 부양하려면 회사에 자사주 매입을 지시해야한다며 옆에서 꼬드겼다. 그중 한 명은 심지어 '워터브리지도 이렇게 했다'라는 말까지 했지만 페르난데스는 그 제안을 무시해

버렸다. 자사주를 매입하는 대신 보다 많은 신입 직원을 수용할 사무실을 열었으며 새로운 직원 포상 및 보상 프로그램을 만들었다. 또한 자격증 획득 프로그램이나 지역 대학과 단과 대학의 수업료를 지급해 주는 혜택을 통해 직원 개발 지원을 확대했다. 이러한 기회와 혜택은 모든 직원에게 열려 있었다.

더 나아가 페르난데스는 직원들이 지역사회에서 봉사할 수 있도록 한 달에 하루씩 휴가를 주겠다고 발표했다. 직원들은 곧 지역 비영리기관의 자원봉사자 및 이사로 활동하기 시작했다. 페르난데스는 이제 단순한 이익이 아니라 더 큰 목적으로 회사를 결집하게 하겠다고 이사회에 통보했다. 또한 이사회에 숙제를 던졌다. 어떻게 하면 보다 지속 가능한 방식으로 생산을 재구성할 수 있을까? 2030년까지 탄소중립을 달성할 수 있을까? 이사회가 끝난 후 이사 한 명이 페르난데스에게 이렇게 말했다.

"조금 이상한 이야기이긴 한데요, 사장님의 성공은 그 누구도 반박할 수 없을 것 같습니다."

새로운 프로그램에 대한 직원들과 지역사회의 뜨거운 반응에 힘입어 페르난데스는 오랫동안 구상해 왔던 또 다른 프로그램을 시작했다. 회사가 비용을 대서 고객서비스를 담당하는 직원이 고객을 찾아가 만나는 것이었다. 이 프로그램은 대성공을 거두어 어떤 직원은 고객과 개인적으로 너무나 가까워져서 서로 절대로 콘솔리데이티드를 떠나지 않을 것처럼 보일 정도였다.

* * *

그로부터 10년간 콘솔리데이티드는 업계에서 가장 높은 성장률, 두 번째로 높은 이익률, 가장 높은 직원 충성도와 참여의식을 보여주었다. 또한 혁신과 관련한 다양한 상을 받으며 지속가능성이라는 목표를 향해 나아갔다. 이 기간에 페르난데스는 고객경험과 직원만족도를 동시에 개선하는 데 시간을 쏟았다. 고객과 직원들이 콘솔리데이티드가 개선할 수 있는 항목에 대해 피드백과 제안을 공유하는 자문위원회를 설립하기도 했다. 또한 업계 최고의 인재들을 콘솔리데이티드로 영입하는 데도 열심이었는데, 회사가 성장하면서 직원 모집도 더욱 쉬워졌다. 페르난데스는 아주 빠르게 경영계에서 존경받는 인물이 되어가고 있었다.

그리고 페르난데스는 종종 재계 뉴스에서 UDC 관련 소식을 접했다. 주로 새로운 제품에 대한 소문을 듣고 콘솔리데이티드의 분기 실적 및 이윤율과 비교하기 위해서였다. 그 과정에서 UDC가 어려움을 겪는 것을 알게 되었다. 매출은 여전히 높았지만 서서히 감소하는 모습이 보였다. UDC는 제품 중심적인 조직에서 고객 중심적인 조직으로 전환하려고 노력하고 있었다. 그런 전환 때문에 수익성은 감소하는데 고객만족도도 실질적인 향상이 없었다.

사실 UDC의 고객은 회사의 엄청난 투자에도 불구하고 그 어느 때보다 불만족스러웠다. 조사에 따르면 이들은 더 많은 할인, 혜택, 특전을 제공받는데도 충분하지 않다고 느끼고 있었다. 또한 회사의 상담 직원과 이야기해 보아야 끝이 없고, 아무런 결론도 얻지 못하며, 점점 더 불쾌해진다고 느꼈다.

한편 전에 페르난데스가 운영하던 UDC 공장 세 군데에서 파업이 발생했다. 그중 두 공장은 노조 설립을 피하려고 이전한 주에 있는 시설이었다. 직원들은 열악한 근무 환경, 긴 근무 시간, 인근 경쟁사의 두 배에 달하는 창고 안전사고 발생률 등에 대해 불만을 품고 있었다. CEO는 여전히 브루스 펜로즈가 맡고 있었다. 펜로즈는 직원들의 불만에 '워터브리지 방식'으로 대응해 반 이상의 직원을 로봇과 자동화로 대체함으로써 비용을 절감하고 가장 소리를 크게 내는 직원들을 제거하려고 했다. 펜로즈는 직원들에게 UDC에서 근무는 이제 끝이라며 회사 배지와 장비는 금요일 오후에 모두 사무실에 반납하라는 지시를 발송했다. 이 일로 매우 부정적인 보도가 여러 언론에 게재되었고, 페르난데스의 후임으로 공장 운영을 책임졌던 사람도 떠나게 되었다. 그는 언론에 "인생은 짧다. 이제 더는 이런 식으로 못한다. 워터브리지 방식은 나와 맞지 않는다"라고 말했다. 페르난데스는 그를 콘솔리데이티드의 새로운 최고운영책임자로 고용했다.

UDC는 여전히 해당 산업에서 최대 기업이었다. 펜로즈는 자기 멘토에게서 배운 대로 계속해서 철권통치를 했다. 그러나 이 회사는 이제 창업자가 운영하던 시절의 자신감 넘치던 세계적인 기업이 아니었다. 새로운 제품 출시는 지연되었고, 기존 제품들의 업그레이드는 별 볼 일이 없었으며 직원의 퇴직률은 상승하기만 했다. 인재를 찾기가 갈수록 어려워졌으며, 아무리 많은 돈을 투자해도 고객만족도 수준은 꿈쩍도 안 했다. 시장 점유율은 매년 1%씩 감소했고, 주가는 2년 전보다 40% 하락했다.

연례 무역 박람회에서 페르난데스와 펜로즈는 산업의 미래에 관한 위원회에 함께 패널로 참석하기로 예정되어 있었다. 이 두 사람은 10년 전 공항에서 본 이후에 서로 보지 못했다. 펜로즈는 콘솔리데이티드를 대놓고 '내 꼬마 경쟁사my little competitor'라고 불렀으며 페르난데스에게 '회복 프로젝트에 행운을 빕니다'라고 말하고 다녔다. 하지만 콘솔리데이티드는 규모가 두 배로 커졌고, UDC는 지난 5년간 거의 변화가 없었다. 사적으로 대화할 때 펜로즈는 절대 페르난데스를 입에 올리지 않았다. 업계에서는 이번 회의에서 오래된 이 경쟁자들이 조우하는 것에 엄청난 기대가 몰렸다.

그러나 마지막 순간에 팬로즈는 패널에서 물러났다. 이사회가 워터브리지에게 다시 회사로 돌아와 회사를 정상화해 달라고 부탁했다는 소문이 돌았다. 하지만 페르난데스는 그런 소문을 무시했으며 게다가 박람회에 참석하는 새로운 고객과 만나느라 그에 대해 생각할 시간도 없었다.

일주일 후 페르난데스가 사무실에 앉아 있는데 갑자기 비서가 놀라서 호들갑을 떨며 들어왔다.

"사장님! 윌리엄 워터브리지 씨 전화가 와 있습니다."

전화 연결을 기다리며 페르난데스는 믿을 수 없다는 듯 머리를 저었다. 한때 세상에서 가장 바라던 전화가 아니었던가.

페르난데스는 전화기를 들었다.

"여보세요."

"페르난데스?"

"네, 회장님."

"페르난데스, 브루스 펜로즈가 곧 회사를 떠날 거야. 그의 후임을 찾을 때까지 내가 잠시 임시회장을 맡고 있네."

"그렇군요."

"다 알 테니까 자세한 설명은 하지 않겠네. 내가 전화한 이유는 혹시 CEO 자리에 흥미가 있나 해서야. 경험도 있고 우리 회사 문화에 대해서도 잘 아니까 말이야. 그리고 우리는 항상 사이가 좋았잖아. 어때, 흥미가 있나? 한번 만날까?"

페르난데스는 잠시 아무 말도 하지 않았다. 거의 10분처럼 길게 느껴졌다. 지금 바로 앞에는 세계에서 가장 큰 유통회사의 CEO가 되어 자신의 발자취를 남기고, 독특한 아이디어를 대규모로 구현할 기회가 놓여 있었다.

하지만 페르난데스가 곧 머리를 흔들며 정신을 가다듬었다. 콘솔리데이티드의 직원들을 생각했다. 페르난데스는 그들을 사랑했고, 그들은 노력과 헌신으로 이에 보답했다. 그들은 힘을 합쳐 UDC에 맞서 작지만 강력한 경쟁자로 변모했다. 그리고 예틀이 자신에게 보여준 신뢰를 떠올렸다. 그것은 윌리엄 워터브리지와 그의 무자비한 '더블유웨이'와는 매우 다른 것이었다.

"듣고 있어? 페르난데스?"

전화 수화기에서 짜증스러운 목소리가 들렸다.

"워터브리지 회장님, 친절한 제안에 감사합니다. 또 그동안 멘토가 되어주셔서 감사합니다. 하지만 저는 지금 현재의 위치에서 행복하며 여기 그대로 있을 생각입니다."

[미주]

들어가며

1.   Kate Gautier et al., "Research: How Employee Experience Impacts Your Bottom Line," Harvard Business Review, March 22, 2022, https://hbr.org/2022/03/research-how-employee-experience-impacts-your-bottom-line.

2.   "The Experience Equation: How Happy Employees and Customers Accelerate Growth," Forbes Insights in association with Salesforce, 2020, https://www.salesforce.com/form/conf/forbes--ex--cx-growth.

3.   "The Experience Advantage: Transforming Customer and Employee Experience for the Future of Work," Salesforce and Edelman DXI, 2022, https://www.salesforce.com/form/pdf/the-experience-advantage.

4.   Shep Hyken, "How Southwest Airlines Keeps the Romance Alive with Its Customers," Forbes, March 18, 2018, https://www.forbes.com/sites/shephyken/2018/03/18/how-southwest-keeps-the-romance-alive-with-its-customers/?sh= 2a0307101656.

5.   Richard Branson, "Put Your Staff 1st, Customers 2nd, & Shareholders 3rd," Inc., March 4, 2016, YouTube video, 3:39, https://www.youtube.com/watch? v= NPiCYoX-S_I.

6. Anne M. Mulcahy, "Motivation," Anne M. Mulcahy (website), https://storyofmulcahy.wordpress.com/motivation.

7. Milton Friedman, "The Social Responsibility of Business Is to Increase Its Profits," New York Times Magazine, September 13, 1970.

8. P. F. Drucker, Management: Tasks, Responsibilities, Practices (New York: Harper and Row, 1973), 61.

1장. 지금 당신의 고객은 만족스러운 경험을 하고 있는가?

서비스 포화 시장에서 조직을 구출하라

1. Peter Johnston, "Chewy CEO Sumit Singh on Innovation as a Motivator for Success," National Retail Federation, January 17, 2022, https://nrf.com/blog/balancing-growth-and-customer-centric-culture-with-chewy.

2. Tony Hsieh, "How I Did It: Zappos's CEO on Going to Extremes for Customers," Harvard Business Review, July– August 2010, https://hbr.org/2010/07/how_i_did_it_zapposs-ceo_on_going_to_extremes-for-customers.

3. Astrid Eira, "88 Call Center Statistics You Must Read: 2021 Data Analysis & Market Share," FinancesOnline, updated November 8, 2022, https://financesonline.com/call-center-statistics.

4. Richard Feloni, "A Zappos Employee Had the Company's Longest Customer-Service Call at 10 Hours, 43 Minutes," Business Insider, July 26, 2016, https://www.businessinsider.com/zappos-employee-

sets-record-for-longest-customer-service-call-2016_7.

5. Jenny Gross, "Retail Therapy: Zappos Offers to Listen to Pandemic Worries," New York Times, May 31, 2020, https://www. nytimes.com/2020/05/31/business/zappos-coronavirus.html.

6. Gross, "Retail Therapy."

7. Qualtrics XM Institute, "Q2 2020 Consumer Benchmark Study," cited in "ROI of Customer Experience," August 18, 2020, via eMarketer, https://www.insiderintelligence.com/content/ customer-experience-2021.

8. Maxie Schmidt-Subramanian, "Improving Customer Experience by One Point Can Drive More Than a Billion Dollars in Revenue," Forrester, January 13, 2020, https://www.forrester.com/blogs/ improving-customer-experience_by_1_point-can-drive-more-than_a_billion-dollars_in_revenue_in_2019.

9. Holly Briedis, Anne Kronschnabl, Alex Rodriguez, and Kelly Ungerman, "Adapting to the Next Normal in Retail: The Customer Experience Imperative," McKinsey and Company, May 14, 2020, https://www.mckinsey.com/industries/retail/our-insights/ adapting--to--the-next-normal--in--retail-the-customer-experience-imperative.

10. Briedis, "Adapting to the Next Normal in Retail."

11. Jeff Bezos, "2017 Letter to Shareholders," Amazon.com, April 18, 2018, https://www.aboutamazon.com/news/company-news/2017-letter_to_shareholders#.

12. "Amazon Offers Free Returns with No Box, Tape, or Label Needed," Amazon.com, January 5, 2022, https://www. aboutamazon.com/news/operations/free-returns-with_no_

box-tape_or_label-needed.

13. Katie Tarasov, "How Amazon Plans to Fix Its Massive Returns Problem," CNBC, April 10, 2022, https://www.cnbc.com/2022/04/10/how-amazon-plans_to_fix-its-massive-returns-problem.html.

14. "Who We Are," Amazon.com, https://www.aboutamazon.com/about_us.

15. Danielle Inman, "Retail Returns Increased to $761 Billion in 2021 as a Result of Overall Sales Growth," National Retail Federation, January 25, 2022, https://nrf.com/media-center/press-releases/retail-returns-increased-761-billion-2021-result-overall-sales-growth.

16. Daniela Coppola, "Worldwide Retail E_Commerce Sales of Amazon from 2017 to 2021," Statista, October 7, 2021, https://www.statista.com/statistics/1103390/amazon-retail-ecommerce-sales-global.

17. "Steve Jobs Insult Response— Highest Quality," December 1, 2016, YouTube video, 1:55, https://www.youtube.com/watch?v=oeqPrUmVz_o.

18. "How COVID_19 Has Pushed Companies over the Technology Tipping Point— and Transformed Business Forever," McKinsey and Company, October 5, 2020, https://www.mckinsey.com/business-functions/strategy-and-corporate-finance/our-insights/how-covid_19_has-pushed-companies-over-the-technology-tipping-point-and-transformed-business-forever.

19. Eric Bensley, "New Report: 71% of Growing Small and Medium Businesses Survived the Pandemic by Going Digital," Salesforce,

September 13, 2021, https://www.salesforce.com/news/stories/growing-smbs-survived-the-pandemic_by_going-digital.

20. "Top 10 Enterprise Technology Trends Reported by 100+ IT Leaders," Salesforce EMEA, April 19, 2022, https://www.salesforce.com/eu/blog/2020/01/enterprise-technology-trends-report.html.

21. Alan Webber, "Worldwide Customer Experience Software Forecast, 2022– 2026," IDC, March 2022, https://www.idc.com/getdoc.jsp?containerId=US48955722.

직원경험은 직원을 위한 것이 아니다

1. Tiffani Bova, "A New Way to Think with Roger Martin," What's Next!, May 3, 2022, YouTube video, 32:40, https://www.youtube.com/watch? v= 3dRL1VfCSLE.

2. Tiffani Bova, "Driven by Purpose and Delivering Excellence with Horst Schulze," August 1, 2019, in What's Next! with Tiffani Bova, podcast, 34:05, https://whatsnextpodcast.libsyn.com/driven--by--purpose-and-delivering-excellence-with-horst-schulze.

3. Carmine Gallo, "How the Ritz--Carlton Inspired the Apple Store," Forbes, April 10, 2012, https://www.forbes.com/sites/carminegallo/2012/04/10/how-the-ritz-carlton-inspired-the-apple-store-video/? sh= 69d0c1463449.

4. Naina Dhingra et al., "Help Your Employees Find Purpose— or Watch Them Leave," McKinsey and Company, April 5, 2021, https://www.mckinsey.com/business-functions/people-and-organizational-performance/our-insights/help-your-employees-find-purpose--or--watch-them-leave.

5. "2019–2020 Top Insights for the C--Suite: How to Excel at Strategy and Execution; A Strategy Perspective," Gartner, https://www.gartner.com/en/insights/top-insights/strategy-2020.

6. "The Experience Advantage: Transforming Customer and Employee Experience for the Future of Work," Salesforce and Edelman DXI, 2022, https://www.salesforce.com/form/pdf/the-experience-advantage.

7. Jack Kelly, "The Great Disconnect Between Bosses and Workers," Forbes, April 2, 2022, https://www.forbes.com/sites/jackkelly/2022/04/02/the-great-disconnect-between-bosses-and-workers/? sh= 236a89531411.

8. "Findings on the Relationship Between Customer Centricity and Employee Experience," Gartner, July 27, 2020, G00706020.

9. "The Productivity-Pay Gap," Economic Policy Institute, updated August 2021, https://www.epi.org/productivity-pay-gap/.

10. "The Productivity-Pay Gap."

11. Ryan Pendell, "The World's $7.8 Trillion Workplace Problem," Gallup, June 14, 2022, https://www.gallup.com/workplace/393497/world-trillion-workplace-problem.aspx.

12. Jim Harter, "U.S. Employee Engagement Slump Continues," Gallup, April 25, 2022, https://www.gallup.com/workplace/391922/employee-engagement-slump-continues.aspx.

13. Harter, "U.S. Employee Engagement Slump Continues."

14. Pendell, "The World's $7.8 Trillion Workplace Problem."

15. Harter, "U.S. Employee Engagement Slump Continues."

16. Society for Human Resource Management, "The Cost of Replacing an Employee and the Role of Financial Wellness," Enrich.org, January 15, 2020, https://www.enrich.org/blog/The-true-cost_of_employee-turnover-financial-wellness-enrich.

17. Jim Harter, "Employee Engagement on the Rise in the U.S.," Gallup, August 26, 2018, https://news.gallup.com/poll/241649/employee-engagement-rise.aspx.

18. Shelley Dolley, "The Heart of MBWA," TomPeters! (blog), February 27, 2013, https://tompeters.com/2013/02/the-heart--of--mbwa.

19. Lindsay Kolowich Cox, "11 Eye--Opening Statistics on the Importance of Employee Feedback," Hubspot Blog, https://blog.hubspot.com/marketing/11--employee-feedback-statistics.

20. Bruce Temkin, "Employees Around the World Want to Be Listened to and Treated Better," Qualtrics XM Institute, January 27, 2022, https://www.xminstitute.com/blog/employees-listen-treat-better.

21. "PWC Report: The Keys to Corporate Responsibility Employee Engagement," Engage for Success, February 2014, https://engageforsuccess.org/csr-and-sustainability/pwc-report-the-keys--to--corporate-responsibility-employee-engagement.

22. "Close the Employee Experience Gap," EY, March 2021, 7, https://assets.ey.com/content/dam/ey--sites/ey--com/en_gl/topics/workforce/ey--closing-the-employee-experience-gap.pdf.

23. Alan Murray and David Meyer, "CEOs Weigh In on the Post--Pandemic World of Work," Fortune, April 27, 2021, https://fortune.com/2021/04/27/ceos-weigh_in_on_post-pandemic-world_of_work-ceo-daily.

24. Leena Nair et al., "Use Purpose to Transform Your Workplace," Harvard Business Review, March– April 2022, https://hbr. org/2022/03/use-purpose_to_transform-your-workplace.

25. "Unilever Finds Short-Term Sustainability Costs Lead to Long-Term Savings," SupplyChainDive, February 22, 2021, https://www.supplychaindive.com/news/unilever-supplier-sustainability-costs-savings/595388.

26. Dennis Carey, Brian Dumaine, and Michael Useem, "CEOs Are Suddenly Having a Change of Heart About What Their Companies Should Stand For," Business Insider, September 5, 2019, https://www.businessinsider.com/kraft-heinz-unilever-ceo-investments-economy-2019_8.

27. Carey, Dumaine, and Useem, "CEOs Are Suddenly Having a Change of Heart."

28. "Unilever Celebrates 10 Years of the Sustainable Living Plan," Unilever, May 6, 2020, https://www.unilever.com/news/press-and-media/press-releases/2020/unilever-celebrates_10_years_of_the-sustainable-living-plan.

29. Carey, Dumaine, and Useem, "CEOs Are Suddenly Having a Change of Heart."

30. Carey, Dumaine, and Useem, "CEOs Are Suddenly Having a Change of Heart."

31. "Strategy and Goals," Unilever, https://www.unilever.com/planet-and-society/future_of_work/strategy-and-goals/.

32. Afdhel Aziz, "Paul Polman on Courageous CEOs and How Purpose Is the Growth Story of the Century (Part 1)," Forbes, May 25, 2020, https://www.forbes.com/sites/afdhelaziz/2020/05/25/

paul-polman_on_purpose-courageous-ceos-and-the-growth-story_of_the-century-part_1/? sh= 197e189c1dfd.

2장. 고객도, 직원도 만족하는 조직은 무엇이 다른가?

조직의 바퀴는 고객과 직원이 연결될 때 굴러간다

1. "Paying It Forward: The Southwest ProfitSharing Plan," Southwest, https://southwest50.com/our-stories/paying_it_forward-the-southwest-profitsharing-plan.

2. All research in this chapter comes from these studies, unless otherwise noted: "The Experience Equation: How Happy Employees and Customers Accelerate Growth," Forbes Insights in association with Salesforce, 2020, https://www.salesforce.com/form/conf/forbes_ex_cx_growth, and "The Experience Advantage: Transforming Customer and Employee Experience for the Future of Work," Salesforce and Edelman DXI, 2022, https://www.salesforce.com/form/pdf/the-experience-advantage. The methodology behind the studies and additional information about geographies, survey respondent demographics, time frame, and scope are detailed in the appendix.

3. Kelly Yamanouchi, "Southwest No. 1 in Airline Quality Rating," Atlanta Journal-Constitution, May 3, 2021, https://www.ajc.com/news/business/southwest_no_1_in_airline-quality-rating/E7ASWIIQB5CRPLWCOCNXZTARYM//.

4. KPIs, or key performance indicators, are the metrics by which you gauge business-critical initiatives, objectives, or goals.

5. "Working People's Real Wages Fall While CEO Pay Soars," Executive Paywatch, AFL-CIO, https://aflcio.org/paywatch.

직원경험은 인사 부서의 문제가 아니다

1. Employees Are the Essence of Corporate Advantage," Zurich, September 30, 2021, https://www.zurich.com/en/knowledge/ topics/future_of_work/employees-are-the-essence_of_ corporate-advantage.

2. Brian Chesky, "Don't Fuck Up the Culture," Medium, April 20, 2014, https://medium.com/@bchesky/dont-fuck_up_the-culture-597cde9ee9d4.

3. Jonathan Emmett, Asmus Komm, Stefan Moritz, and Friederike Schultz, "This Time It's Personal: Shaping the 'New Possible' Through Employee Experience," McKinsey and Company, September 30, 2021, https://www.mckinsey.com/business-functions/people-and-organizational-performance/our-insights/ this-time-its-personal-shaping-the-new-possible-through-employee-experience.

4. Richard Pérez-Peña, "Starbucks to Provide Free College Education to Thousands of Workers," New York Times, June 15, 2014, https:// www.nytimes.com/2014/06/16/us/starbucks_to_provide-free-college-education_to_thousands_of_workers.html.

5. Starbucks' Schultz to Remain Interim CEO Until March,"

Reuters, June 6, 2022, https://www.reuters.com/business/retail-consumer/starbucks-schultz-remain-interim-ceo-until_q1_2023-2022_06_06/.

6. Andy Serwer, "Starbucks Fix: Howard Schultz Spills the Beans on His Plans to Save the Company He Founded," Fortune, January 18, 2008, http://archive.fortune.com/2008/01/17/news/newsmakers/starbucks.fortune/index.htm.

7. Heather Haddon, "Howard Schultz, Returning to Starbucks, Seeks New Start with Baristas," Wall Street Journal, March 19, 2022, https://www.wsj.com/articles/howard-schultz-returning_to_starbucks-seeks-new-start-with-baristas-11647694802.

8. "A Message from Howard Schultz: The Next Chapter of Starbucks Reinvention," Starbucks Stories and News, July 11, 2022, https://stories.starbucks.com/stories/2022/a_message-from-howard-schultz-the-next-chapter_of_starbucks-reinvention.

9. Michael Sainato, " 'Coffee-Making Robots': Starbucks Staff Face Intense Work and Customer Abuse," Guardian, May 26, 2021, https://www.theguardian.com/business/2021/may/26/starbuck-employees-intense-work-customer-abuse-understaffing.

10. Grace Dean, "Former Starbucks Workers Say the Chain's Mobile Ordering Is Out of Control," Business Insider, June 26, 2021, https://www.businessinsider.com/starbucks-mobile-ordering-app-barista-pandemic-coffee-customers-online-digital-2021_6.

11. Clint Rainey, "What Happened to Starbucks? How a Progressive Company Lost Its Way," Fast Company, March 17, 2022, https://www.fastcompany.com/90732166/what-happened_to_starbucks-how_a_progressive-company-lost-its-way.

12. Heather Haddon, "Howard Schultz Says Starbucks Is Seeking Fresh Blood in CEO Search," Wall Street Journal, updated June 6, 2022, https://www.wsj.com/articles/howard-schultz-says-starbucks_is_seeking-fresh-blood_in_ceo-search-11654488060? mod= latest_headlines.

13. Heather Haddon, "Starbucks's Schultz, Back as CEO, Prioritizes Baristas over Stock Price," Wall Street Journal, April 4, 2022, https://www.wsj.com/articles/starbucks-suspends-buybacks_to_invest_in_operations_as_schultz-returns-11649055660.

14. Amelia Lucas, "Starbucks to Hike Wages, Double Training for Workers as CEO Schultz Tries to Head Off Union Push," CNBC, May 3, 2022, https://www.cnbc.com/amp/2022/05/03/starbucks_to_hike-wages-double-training-for-workers-amid-union-push.html.

15. Andrea Hsu, "Starbucks Says Employees Getting New Benefits, but Not at Stores That Are Unionizing," NPR, May 3, 2022, https://www.npr.org/2022/05/03/1095909869/starbucks-union-ceo-howard-schultz-workers-united-labor-benefits.

16. "A Message from Howard Schultz."

3장. 최고의 조직은 직원에게 어떤 경험을 제공하는가?

[1단계 – 사람] 조직은 같은 목적을 지닌 '사람'의 모임이다

1. Ashish Kothari, "Battling Burnout: A Conversation with Resilience

Expert Dr. Amit Sood," McKinsey and Company, December 7, 2021, https://www.mckinsey.com/industries/healthcare-systems-and-services/our-insights/battling-burnout_a_conversation-with-resiliency-expert_dr_amit-sood.

2. H. J. Leavitt, "Applied Organization Change in Industry: Structural, Technical, and Human Approaches," University of Akron, Cummings Center Special Interest, June 1962, http://collections.uakron.edu/digital/collection/p15960coll1/id/21949.

3. Leavitt, "Applied Organizational Change in Industry."

4. Laura Gassner Otting, "How to Re_Engage a Dissatisfied Employee," Harvard Business Review, May 19, 2022, https://hbr.org/2022/05/how_to_re_engage_a_dissatisfied-employee.

5. "2021 Retention Report: The COVID Edition," Work Institute, 12, https://info.workinstitute.com/en/retention-report-2021.

6. Ryan Pendell, "Employee Experience vs. Engagement: What's the Difference?," Gallup, October 12, 2018, https://www.gallup.com/workplace/243578/employee-experience-engagement-difference.aspx.

7. "Future Forum Pulse: Summer Snapshot," FutureForum, July 19, 2022, https://futureforum.com/pulse-survey.

8. "The Experience Advantage: Transforming Customer and Employee Experience for the Future of Work," Salesforce and Edelman DXI, 2022, https://www.salesforce.com/form/pdf/the-experience-advantage.

9. "The Experience Advantage."

10. "The Experience Advantage."

11. "The Experience Advantage."

12. "The Experience Advantage."

13. "The Transformation of L& D," LinkedIn Learning, 2022, https://learning.linkedin.com/content/dam/me/learning/en--us/ pdfs/workplace-learning-report/LinkedIn-Learning_Workplace-Learning-Report-2022-EN.pdf.

14. "2021 Workplace Learning Report," LinkedIn Learning, https:// learning.linkedin.com/content/dam/me/business/en_us/ amp/learning-solutions/images/wlr21/pdf /LinkedIn-Learning-Workplace-Learning-Report-2021_UK _Edition-.pdf.

15. "Predictions 2022: CMOs Emerge as Emboldened Business Leaders," Forrester, October 26, 2021, https://www.forrester. com/blogs/predictions-2022-b2c-cmo – trends.

16. "The Experience Advantage."

17. "The Heart of Business with Hubert Joly," July 1, 2021, on What's Next! with Tiffani Bova, podcast, https://podcasts.apple. com/us/podcast/the-heart_of_business-with-hubert-joly/ id1262213009? i= 1000527494718.

18. Gary Peterson, "Cutting ROWE Won't Cure Best Buy," Forbes, March 12, 2013, https://www.forbes.com/sites/ garypeterson/2013/03/12/cutting-rowe-wont-cure-best-buy/? sh= 3c6dd75133ba.

19. Kim Bhasin, "Best Buy CEO: Here's Why I Killed the 'Results Only Work Environment,'" Business Insider, March 18, 2013, https://www.businessinsider.com/best-buy-ceo-rowe-2013_3.

20. James Covert, "Best Buy Cutting 2,000 Managers," New York Post, February 26, 2014, https://nypost.com/2014/02/26/best-buy-cutting-2000-managers/.

21. Brian Sozzi, "Former Best Buy CEO: Companies Should 'Pursue a Noble Purpose and Good Things,'" Yahoo! Finance, March 13, 2020, https://www.yahoo.com/now/former-best-buy-ceo-companies-should-pursue_a_noble-purpose-and-good-things-155902345.html.

22. John Vomhof Jr., "Why Best Buy's Employee Training Program Is World Class," Best Buy, March 5, 2019, https://corporate.bestbuy.com/why-best-buys-employee-training-program_is_world-class/.

23. Vomhof, "Why Best Buy's Employee Training Program Is World Class."

[2단계 – 프로세스] 직원이 아닌 프로세스를 뜯어 고쳐라

1. The Deming Institute (@DemingInstitute), "Later in life, Dr. Deming upped his estimate", twitter, February 10, 2022, 1:22 p.m., https://twitter.com/DemingInstitute/status/1491840004124860441? s= 20& t= 9bKEWMmdw83ZelB6j7jFrw.

2. Dr. William Edwards Deming Remembered— Part Two," Doug Williams Group, May 11, 2018, https://thedougwilliamsgroup.com/dr_deming-remembered-part-two.

3. "Dr. William Edwards Deming Remembered— Part Two."

4. John Willis, "Deming to DevOps (Part 1)," IT Revolution, October 16, 2012, https://itrevolution.com/deming_to_devops-part_1.

5. "Findings on the Relationship Between Customer Centricity and

Employee Experience," Gartner, July 27, 2020, G00706020.

6. "The Experience Advantage: Transforming Customer and Employee Experience for the Future of Work," Salesforce and Edelman DXI, 2022, https://www.salesforce.com/form/pdf/the-experience-advantage.

7. Samanage, "U.S. Businesses Wasting Up to $1.8 Trillion Annually on Repetitive Employee Tasks, Samanage Survey Says," Samanage, February 23, 2016, https://www.prnewswire.com/news-releases/us_businesses-wasting_up_to_18_trillion-annually_on_repetitive-employee-tasks-samanage-survey-says-300224177.html.

8. "U.S. Businesses Wasting Up to $1.8 Trillion Annually on Repetitive Employee Tasks, Samanage Survey Says."

9. Nick Candito, "How Inefficient Processes Are Hurting Your Company," Entrepreneur, December 8, 2016, https://www.entrepreneur.com/article/286084.

10. "The B2B Buying Journey," Gartner, https://www.gartner.com/en/sales/insights/b2b-buying-journey.

11. "The Experience Advantage."

12. "Seven Lessons on How Technology Transformations Can Deliver Value," McKinsey and Company, March 11, 2021, https://www.mckinsey.com/business-functions/mckinsey-digital/our-insights/seven-lessons--on-how-technology-transformations-can-deliver-value.

13. "Seven Lessons on How Technology Transformations Can Deliver Value."

14. Tom Puthiyamadam and José Reyes, "Experience Is Everything. Get It Right," PwC, 2018, https://www.pwc.com/us/en/

services/consulting/library/consumer-intelligence-series/future--of--customer-experience.html.

15. Jackie Wiles, "Gartner Top 3 Priorities for HR Leaders in 2019," Gartner, December 12, 2018, https://www.gartner.com/smarterwithgartner/top--3--priorities-for--hr-in--2019.

16. Behnam Tabrizi et al., "Digital Transformation Is Not About Technology," Harvard Business Review, March 13, 2019, https://hbr.org/2019/03/digital-transformation--is-not-about-technology.

17. Steven ZoBell, "Why Digital Transformations Fail: Closing the $900 Billion Hole in Enterprise Strategy," Forbes, March 13, 2018, https://www.forbes.com/sites/forbestechcouncil/2018/03/13/why-digital-transformations-fail-closing-the-900-billion-hole--in--enterprise-strategy.

18. Tabrizi et al., "Digital Transformation Is Not About Technology."

19. "The State of B2B Account Experience," CustomerGauge, August 2021, 74, https://customergauge.com/ebook/b2b-nps-and--cx--benchmarks-report.

20. Conor Donegan, "State of the Connected Customer Report Outlines Changing Standards for Customer Engagement," Salesforce, June 12, 2019, https://www.salesforce.com/news/stories/state--of--the-connected-customer-report-outlines-changing-standards-for-customer-engagement.

21. "State of Sales Report," Salesforce, September 22, 2020, https://www.salesforce.com/news/stories/the-fourth-state_of_sales-report-shows-how-teams-adapt_to_a_new-selling-landscape.

22. Tiffani Bova, "The Secrets to a Successful Customer Journey Transformation," Salesforce, September 22, 2017, https://

www.salesforce.com/au/blog/2017/09/the-secrets_to_a_ successful-customer-journey-transformation.html.

23. Albert Bourla, "A Letter from Our Chairman & CEO," Pfizer, https://www.pfizer.com/sites/default/files/investors/financial_ reports/annual_reports/2019/chairman-ceo-letter/index.html.

24. "Simplicity Is Designed to Enable Colleagues at Pfizer to Remove Needless Complexity and Focus on Meaningful Work," Pfizer, https://www.pfizer.com/sites/default/files/investors/financial_ reports/annual_reports/2019/our-bold-moves/unleash-the-power_of_our-people/simplicity_is_designed_to_enable-colleagues_at_pfizer_to_remove-needless-complexity/index. html.

25. "Pfizer's Digital Strategy and Transformation," Bio-IT World, July 20, 2021, https://www.bio-itworld.com/news/2021/07/20/ pfizer_s_digital-strategy-and-transformation.

26. "Pfizer's Digital Strategy and Transformation."

27. "Pfizer's Digital Strategy and Transformation."

28. "Pfizer's Digital Strategy and Transformation."

29. "Pfizer 2021: Environmental, Social & Governance Report," Pfizer, 37, https://www.pfizer.com/sites/default/files/investors/ financial_reports/annual_reports/2021/files/Pfizer_ESG_Report. pdf.

[3단계 – 기술] 그 기술은 정말 생산성을 높이고 있는가?

1. Sherisse Pham, "Jack Ma: In 30 Years, the Best CEO Could Be

a Robot," CNN Business, April 24, 2017, https://money.cnn. com/2017/04/24/technology/alibaba-jack-ma-30-years-pain-robot-ceo/index.html.

2. "2022 Connectivity Benchmark Report," MuleSoft, February 7, 2022, 8, https://www.mulesoft.com/lp/reports/connectivity-benchmark.

3. "IDC FutureScape: Worldwide Digital Transformation 2021 Predictions," IDC, October 2020, https://www.idc.com/getdoc. jsp? containerId= US46880818.

4. "The Experience Advantage: Transforming Customer and Employee Experience for the Future of Work," Salesforce and Edelman DXI, 2022, https://www.salesforce.com/form/pdf/the-experience-advantage.

5. Tsedal Neeley and Paul Leonardi, "Developing a Digital Mindset," Harvard Business Review, May– June 2022, https://hbr. org/2022/05/developing_a_digital-mindset.

6. "The Experience Advantage."

7. "The Experience Advantage."

8. "The Experience Advantage."

9. "Uncovering ROI: The Hidden Link Between Technology Change and Employee Experience," Eagle Hill, https://www. eaglehillconsulting.com/insights/new-technology-change-employee-engagement.

10. "The Experience Advantage."

11. "The Experience Advantage."

12. "2022 Connectivity Benchmark Report."

13. "The Changing Role of the IT Leader," Forrester Consulting

on behalf of Elastic, April 2021, https://www.elastic.co/pdf/forrester-the-changing-role_of_the_it_leader.

14. "Gartner Forecasts Worldwide IT Spending to Reach $4.4 Trillion in 2022," Gartner, press release, April 6, 2022, https://www.gartner.com/en/newsroom/press-releases/2022_04_06_gartner-forecasts-worldwide_it_spending_to_reach_4_point-four-trillion_in_2022.

15. Andrea Guerzoni, Nadine Mirchandani, and Barry Perkins, "The CEO Imperative: Will Bold Strategies Fuel Market-Leading Growth?," EY, January 10, 2022, https://www.ey.com/en_gl/ceo/will-bold-strategies-fuel-market-leading-growth.

16. "2022 Connectivity Benchmark Report."

17. "2021 Global Customer Experience Benchmarking Report," NTT, https://services.global.ntt/en_us/insights/crossing-the_cx_divide.

18. Tom Puthiyamadam and José Reyes, "Experience Is Everything. Get It Right," PwC, 2018, https://www.pwc.com/us/en/services/consulting/library/consumer-intelligence-series/future_of_customer-experience.html.

19. "The Experience Advantage."

20. "IT and Business Alignment Barometer," MuleSoft, https://www.mulesoft.com/lp/reports/it_business-alignment-barometer.

21. "The Changing Role of the IT Leader."

22. "The Changing Role of the IT Leader."

23. Danny Klein, "Chipotle's Focus Turns to Career Advancement for Workers," QSR, April 27, 2022, https://www.qsrmagazine.com/fast-casual/chipotles-focus-turns-career-advancement-workers.

24. Klein, "Chipotle's Focus Turns to Career Advancement for Workers."

25. "Chipotle Awards," Comparably, 2022, https://www.comparably.com/companies/chipotle/awards.

26. "Chipotle Announces $50 Million New Venture Fund, Cultivate Next," Chipotle, April 19, 2022, https://ir.chipotle.com/2022-04-19-CHIPOTLE-ANNOUNCES-50-MILLION-NEW-VENTURE-FUND,-CULTIVATE-NEXT.

27. "Chipotle Goes Automated," CNBC, March 16, 2022, https://www.cnbc.com/video/2022/03/16/chipotle-goes-automated.html.

28. Klein, "Chipotle's Focus Turns to Career Advancement for Workers."

29. "Chipotle Goes Automated."

30. "Chipotle Announces First Quarter 2022 Results," Chipotle, April 26, 2022, https://ir.chipotle.com/2022-04-26 -CHIPOTLE-ANNOUNCES-FIRST-QUARTER-2022-RESULTS.

[4단계 – 문화] 문화는 경영의 본질이다

1. Marc Benioff, Trailblazer: The Power of Business as the Greatest Platform for Change (New York: Currency/Random House, 2019).

2. Louis V. Gerstner Jr., Who Says Elephants Can't Dance? (New York: HarperBusiness, 2002), 182.

3. Encyclopaedia Britannica Online, s.v., "Lou Gerstner," https://www.britannica.com/biography/Lou-Gerstner.

4. "Lou Gerstner's Turnaround Tales at IBM," Knowledge at Wharton, December 18, 2002, https://knowledge.wharton.upenn. edu/article/lou-gerstners-turnaround-tales_at_ibm/.

5. Gerstner, Who Says Elephants Can't Dance?, 182.

6. Gerstner, Who Says Elephants Can't Dance?, 182.

7. Gerstner, Who Says Elephants Can't Dance?, 185.

8. "IBM Management Principles & Practices," IBM.com, https:// www.ibm.com/ibm/history/documents/pdf/management.pdf.

9. Gerstner, Who Says Elephants Can't Dance?, 211.

10. Gerstner, Who Says Elephants Can't Dance?, 234.

11. "Building an Equal Opportunity Workforce," IBM.com, https://www.ibm.com/ibm/history/ibm100/us/en/icons/ equalworkforce.

12. David A. Thomas, "Diversity as Strategy," Harvard Business Review, September 2004, https://hbr.org/2004/09/diversity_ as_strategy.

13. Thomas, "Diversity as Strategy."

14. "Thomas Watson, Jr. Speaks About IBM's Commitment to Service," IBM.com, https://www.ibm.com/ibm/history/ multimedia/ibmservice_trans.html.

15. Gerstner, Who Says Elephants Can't Dance?, 187.

16. "Case Study: IBM's Turnaround Under Lou Gerstner," MBA Knowledge Base, https://www.mbaknol.com/management-case-studies/case-study-ibms-turnaround-under-lou-gerstner/.

17. "Culture eats strategy": David Campbell, David Edgar, and George Stonehouse, Business Strategy: An Introduction, 3rd ed. (London: Palgrave Macmillan, 2011), 263.

18. "The Experience Advantage: Transforming Customer and Employee Experience for the Future of Work," Salesforce and Edelman DXI, 2022, https://www.salesforce.com/form/pdf/the-experience-advantage.

19. "The Experience Advantage."

20. "Organizational Culture: From Always Connected to Omni-Connected," Accenture, 2022, https://www.accenture.com/us_en/insights/strategy/organizational-culture.

21. "The Experience Advantage."

22. "Digital Transformation," BCG, https://www.bcg.com/capabilities/digital-technology-data/digital-transformation/how_to_drive-digital-culture.

23. "Organizational Culture: From Always Connected to Omni-Connected."

24. "The Experience Advantage."

25. "2021 Trust Barometer Special Report: The Belief-Driven Employee," Edelman, https://www.edelman.com/trust/2021-trust-barometer/belief-driven-employee.

26. "2021 Trust Barometer."

27. "The Experience Advantage."

28. Scott E. Seibert, Gang Wang, and Stephen H. Courtright, "Antecedents and Consequences of Psychological and Team Empowerment in Organizations: A Meta-Analytic Review," Journal of Applied Psychology 96, no. 5 (2011): 981– 1003, https://doi.org/10.1037/a0022676.

29. "Hybrid Work: Making It Fit with Your Diversity, Equity, and Inclusion Strategy," McKinsey Quarterly, April 20, 2022,

https://www.mckinsey.com/business-functions/people-and-organizational-performance/our-insights/hybrid-work-making_ it_fit-with-your-diversity-equity-and-inclusion-strategy.

30. "The Experience Advantage."

31. "The Experience Advantage."

32. "Harvard Business Review: The Power of Employee Alignment," Betterworks, updated June 22, 2021, https://www.betterworks. com/magazine/harvard-business-review-power-employee-alignment/.

33. "Bersin by Deloitte: Effective Employee Goal Management Is Linked to Strong Business Outcomes," Cision PR Newswire, December 17, 2014, https://www.prnewswire.com/news-releases/ bersin_by_deloitte-effective-employee-goal-management_is_ linked_to_strong-business-outcomes-300011399.html.

34. "Employee Recognition: The Secret Ingredient to High Employee Engagement," Korn Ferry, 2017, https://focus.kornferry. com/employee-engagement/employee-recognition-the-secret-ingredient_to_high-employee-engagement-asean.

35. Carlos Santos, "VW Emissions and the 3 Factors That Drive Ethical Breakdown," UVA Darden Ideas to Action, October 17, 2016, https://ideas.darden.virginia.edu/vw_emissions-and-the_3_factors-that-drive-ethical-breakdown.

36. Mengqi Sun and Jack Hagel, "Volkswagen Tries to Change Workplace Culture That Fueled Emissions Scandal," Wall Street Journal, updated September 30, 2020, https://www.wsj.com/ articles/volkswagen-tries_to_change-workplace-culture-that-fueled-emissions-scandal-11601425486.

37. Charles Riley, "Volkswagen's Ex_CEO Pays Company $14 Million over His Role in the Diesel Scandal," CNN Business, June 9, 2021, https://www.cnn.com/2021/06/09/business/volkswagen-martin-winterkorn-dieselgate/index.html.

38. Edward Taylor and Jan Schwartz, "Ferdinand Piech, Architect of Volkswagen's Global Expansion, Dies Aged 82," Reuters, August 26, 2019, https://www.reuters.com/article/us_volkswagen-piech-death/ferdinand-piech-architect_of_volkswagens-global-expansion-dies-aged_82_idUSKCN1VG26I.

39. Tom Fox, "The Watergate Hearings and the VW Internal Investigation," Compliance Week, December 14, 2015, https://www.complianceweek.com/the-watergate-hearings-and-the_vw_internal-investigation/11373.article.

40. Geoffrey Smith, "Why VW's 'Update' Failed to Deliver the Goods," Fortune, December 10, 2015, https://fortune.com/2015/12/10/why-vws-update-failed_to_deliver-the-goods.

41. Fox, "The Watergate Hearings and the VW Internal Investigation."

42. Andreas Cremer, "VW Says Only Small Group to Blame for Emissions Scandal," Reuters, December 10, 2015, https://www.reuters.com/article/us_volkswagen-emissions/vw_says-only-small-group_to_blame-for-emissions-scandal-idINKBN0TT14V20151210.

43. Sun and Hagel, "Volkswagen Tries to Change Workplace Culture That Fueled Emissions Scandal."

44. Mengqi Sun, "Volkswagen Completes Compliance Monitoring After Emissions Scandal," Wall Street Journal, September 15, 2020, https://www.wsj.com/articles/volkswagen-completes-

compliance-monitoring-after-emissions-scandal-11600191807.

45. Sun, "Volkswagen Completes Compliance Monitoring After Emissions Scandal."

46. Sun, "Volkswagen Completes Compliance Monitoring After Emissions Scandal."

47. Sarah Vizard, "Volkswagen Vows to 'Win Back Customer Trust' as Brand Hit by Emissions Scandal," Marketing Week, September 22, 2015, https://www.marketingweek.com/volkswagens-brand_on_the-line_as_it_promises_to_win-back-customer-trust-following-emissions-scandal.

48. Rebecca Stewart, "Volkswagen Joins Shell as One of the World's 'Most Hated' Brands Following Emissions Scandal," The Drum, January 18, 2016, https://www.thedrum.com/news/2016/01/18/volkswagen-joins-shell-one-world_s_most-hated-brands-following-emissions-scandal.

49. Danielle Muoio, "Volkswagen Just Made a Big Move to Regain Customers' Trust After the Emissions Scandal," Business Insider, April 11, 2017, https://www.businessinsider.com/volkswagen-big-move-regain-trust-after-fuel-emissions-scandal-2017_4.

50. Vizard, "Volkswagen Vows to 'Win Back Customer Trust' as Brand Hit by Emissions Scandal."

51. Jennifer Faull, "Volkswagen Plots Route to Win Back Trust in First Marketing Push Since Emissions Scandal," The Drum, October 12, 2015, https://www.thedrum.com/news/2015/10/12/volkswagen-plots-route-win-back-trust-first-marketing-push-emissions-scandal.

52. Conor Donegan, "State of the Connected Customer Report Outlines Changing Standards for Customer Engagement,"

Salesforce, June 12, 2019, https://www.salesforce.com/news/
stories/state_of_the-connected-customer-report-outlines-
changing-standards-for-customer-engagement.

[부록] 고객경험과 직원경험 개선에 필요한 지표들

1. Seth Godin, "Measuring Without Measuring," Seth's Blog, June 1,
   2013, https://seths.blog/2013/06/measuring-without-measuring/.
2. "PwC's 25th Annual Global CEO Survey: Reimagining the
   Outcomes That Matter," PwC, January 17, 2022, https://www.
   pwc.com/gx/en/ceo-agenda/ceosurvey/2022.html.
3. "Customer Experience Management Market Size, Share &
   Trends Analysis Report by Analytical Tools, by Touch Point
   Type, by Deployment, by End-Use, by Region, and Segment
   Forecasts, 2022– 2030," Grand View Research, https://www.
   grandviewresearch.com/industry-analysis/customer-experience-
   management-market.
4. Fred Reichheld, Darci Darnell, and Maureen Burns, "Net
   Promoter 3.0," Bain & Company, October 18, 2021, https://www.
   bain.com/insights/net-promoter_3_0/.
5. "Creating a High-Impact Customer Experience Strategy,"
   Gartner, January 16, 2019, https://www.gartner.com/en/
   documents/3899777.
6. "Are You Experienced?," Bain & Company, April 18, 2015,
   https://www.bain.com/insights/are-you-experienced-infographic.
7. "What Is a Good Net Promoter Score (NPS)?," Perceptive (blog),

September 6, 2022, https://www.customermonitor.com/blog/
what_is_a_good-net-promoter-score#what_is_a_good-
nps.

8. Eric Gregg, "2022 NPS® Benchmarks for B2B Service Industries,"
    ClearlyRated, February 7, 2022, https://www.clearlyrated.com/
    solutions/2022-nps-benchmarks-for-b2b-service-industries/.

9. Gregg, "2022 NPS® Benchmarks for B2B Service Industries."

10. Grigore, "What Is a Good Net Promoter Score? (2022 NPS
    Benchmark)," Retently, April 18, 2022, https://www.retently.com/
    blog/good-net-promoter-score/.

11. "Creating a High-Impact Customer Experience Strategy."

12. "What Is Customer Satisfaction Score (CSAT)?," Delighted,
    https://delighted.com/what_is_customer-satisfaction-score.

13. "What's Your Customer Effort Score?," Gartner, November 5,
    2019, https://www.gartner.com/smarterwithgartner/unveiling-
    the-new-and-improved-customer-effort-score.

14. "What's Your Customer Effort Score?"

15. "What's Your Customer Effort Score?"

16. "The State of B2B Account Experience," CustomerGauge, August
    2021, 17, https://customergauge.com/ebook/b2b-nps-and-cx-
    benchmarks-report.

17. "The State of B2B Account Experience," 18.

18. "The Impact of Cost Cutting on Employee Experience and Talent
    Outcomes," Gartner, March 25, 2020, https://www.gartner.com/
    en/documents/3982502.

19. "The Employee Net Promoter System," Bain & Company, https://
    www.netpromotersystem.com/about/employee-nps.

20. "The Employee Net Promoter System."

21. "The Experience Advantage: Transforming Customer and Employee Experience for the Future of Work," Salesforce and Edelman DXI, 2022, https://www.salesforce.com/form/pdf/the-experience-advantage.

22. Shane McFeely and Ben Wigert, "This Fixable Problem Costs U.S. Businesses $1 Trillion," Gallup, March 13, 2019, https://www.gallup.com/workplace/247391/fixable-problem-costs-businesses-trillion.aspx.

23. "Close the Employee Experience Gap," Forrester, 7, https://itbusinessinfo.com/forrester-close-the-employee-experience-gap-research-report_2.

옮긴이 조용빈

서강대학교에서 영문학과 경제학을 공부했다. 현대자동차에서 근무했으며 전략, 마케팅 상품, 내부감사, 캐나다 주재원 등의 경력이 있다. 바른번역 소속 번역가로 활동하며 옮긴 책으로는 『변화하는 세계 질서』, 『나만을 위한 레이 달리오의 원칙』, 『트러스트』, 『오늘도 플라스틱을 먹었습니다』, 『리처드 루멜트 크럭스』, 『세금의 세계사』등이 있다.

불안 없는 조직

초판 1쇄 인쇄 2024년 11월 8일
초판 1쇄 발행 2024년 11월 18일

지은이 티파니 보바
옮긴이 조용빈
펴낸이 김선식

부사장 김은영
콘텐츠사업본부장 임보윤
책임편집 문주연 **디자인** 윤유정 **책임마케터** 이고은
콘텐츠사업1팀장 성기병 **콘텐츠사업1팀** 윤유정, 정서린, 문주연, 조은서
마케팅본부장 권장규 **마케팅2팀** 이고은, 배한진, 양지환 **채널팀** 권오권, 지석배
미디어홍보본부장 정명찬
브랜드관리팀 오수미, 김은지, 이소영, 박장미, 박주현, 서가을 **뉴미디어팀** 김민정, 이지은, 홍수경, 변승주
지식교양팀 이수인, 염아라, 석찬미, 김혜원
편집관리팀 조세현, 김호주, 백설희 **저작권팀** 이슬, 윤제희
재무관리팀 하미선, 임혜정, 이슬기, 김주영, 오지수
인사총무팀 강미숙, 김혜진, 황종원
제작관리팀 이소현, 김소영, 김진경, 최완규, 이지우, 박예찬
물류관리팀 김형기, 김선민, 주정훈, 김선진, 한유현, 전태연, 양문현, 이민운
외부스태프 교정 김계영 조판 노경녀
저자 사진 ⓒ Matt Furman

펴낸곳 다산북스 **출판등록** 2005년 12월 23일 제313-2005-00277호
주소 경기도 파주시 회동길 490
대표전화 02-704-1724 **팩스** 02-703-2219 **이메일** dasanbooks@dasanbooks.com
홈페이지 www.dasan.group **블로그** blog.naver.com/dasan_books
용지 스마일몬스터 **인쇄** 한영문화사 **코팅 및 후가공** 국일문화사 **제본** 제이오엘앤피

ISBN 979-11-306-5858-2 (03320)

다산북스(DASANBOOKS)는 독자 여러분의 책에 관한 아이디어와 원고 투고를 기쁜 마음으로 기다리고 있습니다. 책 출간을 원하는 아이디어가 있으신 분은 다산북스 홈페이지 '투고원고'란으로 간단한 개요와 취지, 연락처 등을 보내주세요. 머뭇거리지 말고 문을 두드리세요.